LES DISCRIMINATIONS RACISTES : UNE ARME DE DIVISION MASSIVE

© L'Harmattan, 2010
5-7, rue de l'École-polytechnique ; 75005 Paris

http://www.librairieharmattan.com
diffusion.harmattan@wanadoo.fr
harmattan1@wanadoo.fr

ISBN : 978-2-296-13882-7
EAN : 9782296138827

Saïd Bouamama

LES DISCRIMINATIONS RACISTES :
UNE ARME DE DIVISION MASSIVE

Préface de Christine Delphy

Je tiens à remercier Jean-François Gasmeur et Yvon Fotia pour leur aide à la réalisation de cet ouvrage.

Je dédie cet ouvrage à Abdelmalek Sayad dont l'œuvre inachevée est porteuse d'égalité et d'émancipation.

Sommaire

Préface   p.11

Introduction   p.17

Les grilles de lecture des discriminations racistes   p.25

    Introduction
    Chapitre 1 : Les mots sont importants
    Chapitre 2 : La grille de lecture culturaliste
    Chapitre 3 : La grille de lecture ouvriériste
    Chapitre 4 : Le paradigme de la concurrence systémique
    Conclusion

Les masques idéologiques   p.111

    Introduction
    Chapitre 1 : La victimisation ou la grille de lecture du malade imaginaire
    Chapitre 2 : Le tokénisme ou l'arbre qui cache la forêt
    Chapitre 3 : La diversité ou la diversité qui fait diversion
    Chapitre 4 : L'Egalité des chances ou tant pis pour ceux qui n'ont pas de chance
    Chapitre 5 : La cohésion sociale ou l'approche morale du social
    Chapitre 6 : La mixité sociale ou la pathologisation des milieux populaires
    Conclusion

Conclusion générale. Les pseudo-pratiques de lutte contre les discriminations racistes   p.197

Table des matières   p.211

Préface

Certains diront : encore un livre sur les discriminations ! Ce sont les mêmes qui disent : « Assez de repentance ! » - comme s'il y avait eu le début de l'ombre d'une repentance - applaudis par tous ceux pour qui le pire cauchemar serait d'avoir à s'excuser de leurs ignominies ou de celles de leurs pères et frères. Arrogance du dominant, et arrogance française. Ou peut-être retard français : peut-on imaginer les Anglais parler aujourd'hui de la colonisation de l'Inde et la défendre en disant : « mais nous avons fait des routes et des hôpitaux » ?

Eh bien non, ce n'est pas « encore » un livre sur les discriminations mais *enfin* un livre sur les discriminations. Les discriminations racistes. Mais enfin, dira-t-on, depuis le temps qu'on parle du racisme ! C'est vrai. Mais de quoi parle-t-on ? Qu'entend-on par racisme, depuis le temps qu'on en parle, que des universitaires, des chercheurs du CNRS, des sociologues, des philosophes, écrivent des livres sur le sujet ? Ces livres, pour la majorité d'entre eux, parlent des individus racistes et de leurs idées. Ils ne sont pas à dédaigner, loin de là. Mais, quand dans son livre pionnier, paru en 1972, Colette Guillaumin parlait de *l'Idéologie raciste*, elle incluait dans l'idéologie les représentations et les pratiques, pas seulement les idées. Puis, dans les années 80, les idées des racistes - ou des sexistes -, leurs « préjugés » sont devenus le seul centre d'intérêt des chercheurs. Les plus connus des spécialistes du racisme en France sont les chercheurs qui ont analysé les théories racistes, qui ont distingué des époques, des nuances, des écoles : le racisme « biologique » précédant le racisme « culturel », le racisme du prolétariat à distinguer du racisme des bourgeois ; le racisme nazi, le racisme français, le racisme espagnol ; l'histoire des idées racistes, la structure philosophique des idées racistes. Ce n'est pas inintéressant. Et cela meuble : pendant ce temps, on avait l'impression que le terrain était occupé (et certainement, sur le plan de l'institution universitaire) il l'était, l'impression qu'on progressait dans la connaissance du racisme, qu'on allait pouvoir lutter contre.

Cette stratégie d'occupation était aussi une stratégie de *containment* ; pendant ce temps, on oubliait l'autre moitié des protagonistes du racisme : les victimes. Dans ces livres, sauf exception déjà mentionnée, aucune place pour celles et ceux qui pâtissent du racisme, celles et ceux qui ne sont pas seulement tués ou injuriés par « les racistes », mais surtout discriminés. Ce terme passif « être discriminé » vient d'ailleurs d'apparaître dans la langue. Les premières études, confidentielles, parlant à l'occasion de discrimination, remontent tout au plus aux années 90.

En fait, les victimes du racisme n'intéressaient personne. Et l'ampleur du préjudice qu'elles subissent n'était pas appréhendée : ces destinataires des actes racistes ne pouvaient être victimes que d'individus isolés, qui les insultaient et parfois les agressaient physiquement. C'était ça le racisme, c'était à la fois révoltant et exceptionnel.

Les spécialistes du racisme refusaient l'idée même de racisme systémique, soutenant que cela signifierait « un racisme sans acteurs ». Et à Dieu ne plaise ! Quelle horreur ! Or, que les acteurs ne soient pas des individus isolés ne veut pas dire qu'il n'y ait pas d'acteurs, mais que dans un système, il est difficile, voire impossible, de tenir pour responsables quelques individus nommément identifiés.

Quand toute une population, en raison de son « origine », ou de son « sexe », souffre d'un taux de chômage extraordinairement élevé, d'un taux de promotion extraordinairement bas, cela n'est imputable à aucun individu, ni même à des individus. C'est ce qu'on appelle le racisme systémique, et c'est cela que Bouamama étudie et dénonce.

Dans le même temps, et avant même de le dénoncer, il doit dénoncer la dénégation et le déni : « Non, il n'y a pas de discrimination en France. Tout le monde est égal ». Ah oui ? « Oui, puisque c'est dans la Constitution, dans nos valeurs, dans notre identité nationale.
Oui, puisque c'est écrit ».

Dans l'optique française, les faits comptent pour peu : seuls les principes ont de la valeur, et les nôtres sont irréprochables. L'égalité est un de nos principes, *donc* l'égalité existe, tel est le sophisme français ; et la conséquence, c'est qu'on ne doit pas s'attarder ni même poser le regard sur ce qui dans la réalité n'est pas conforme au principe. « Si cela arrive, vous dit-on avec impatience, cela doit être accidentel, ou alors merveilleuse porte de sortie ! - peut-être n'avez-vous pas, vous personnellement, toutes les qualités requises ? Mais soyez assuré.e que nos principes ont été respectés à la lettre ». Le dédain pour la réalité, le dédain pour les victimes du racisme, pour leurs vies, pour leurs histoires, pleines d'efforts non récompensés et de souffrance morale, le même dédain est ce que les féministes rencontrent quand elles dénoncent l'injustice faite aux femmes, l'injustice qui est le pain quotidien, la musique de fond, l'odeur âcre qui entoure, qui constitue, qui est la vie des femmes.

C'est pour cela que Saïd Bouamama est mon âme frère, parce que le racisme comme système, le patriarcat comme système, se ressemblent énormément. Tous les systèmes hiérarchiques, tous les systèmes de classement possèdent les mêmes mécanismes : d'abord, la discrimination, ensuite, ses rationalisations : les femmes sont trop ceci ou trop peu cela, comme les « issus de l'immigration ». Les rationalisations peuvent varier : on ne reproche pas les mêmes choses aux unes et aux autres. Mais ces rationalisations ont en commun d'être des rationalisations des mêmes actions : de la « mise en bas » dans la réalité. Ces rationalisations, l'idéologie raciste ou l'idéologie sexiste, sont aussi en elles-mêmes une action : on espère que les humiliés.ées et les offensés.ées vont finir par croire qu'ils et elles sont sales, impurs.es, incapables, méprisables. Bien sûr, méprisables : car sinon, pourquoi seraient-ils/elles méprisés.ées ? Pourquoi se retrouveraient ils et elles finissent par le croire, sinon totalement, au moins un peu. Le racisme, comme le sexisme, les minent de l'intérieur. Il leur est difficile, parfois, souvent, de trouver en eux la conviction de leur pleine humanité, cette conviction sans laquelle on ne peut se révolter.

Aujourd'hui, pour de multiples raisons, grâce à de multiple révoltes - Marches pour l'égalité, naissance des Indigènes de la République (dont Bouamama a été l'un des initiateurs), émeutes des banlieues en 2005 - et aux injonctions de l'Europe, la France est obligée de prendre en compte les discriminations raciales, que Bouamama préfère à juste titre appeler les discriminations racistes.

Mais les prend-elle vraiment en compte comme des discriminations systémiques ? Certes sur le plan juridique, elle a dû accepter la notion de « discrimination indirecte »-qui se fait par la comparaison des chiffres (d'emploi, de promotion, etc.), en vigueur depuis 40 ans en Grande-Bretagne et aux USA, et qui est donc fondée sur l'idée de discrimination systémique. Mais la France conserve cependant le même répertoire d'explications du racisme.

En France, dit Bouamama, on explique les inégalités de deux façons contradictoires : l'une, qu'il appelle « culturaliste », place la responsabilité de ces inégalités sur les gens qui les subissent, c'est le discours sur l'intégration jamais assez complète. L'autre, à l'opposé, qu'il appelle « ouvriériste », nie la spécificité des discriminations racistes. Bouamama propose le paradigme de la concurrence-la mise en concurrence de toutes les forces de travail. Ce paradigme suppose que les discriminations se sont aggravées avec la globalisation et le néo-libéralisme économique. Puis, il analyse les réponses apportées par la société française aux discriminations racistes ; ces réponses sont basées sur des études ; mais, curieusement, celles-ci aboutissent toutes à « la production d'un savoir attendu » qui ne fait que conforter le paradigme culturaliste dominant.

La deuxième partie, l'analyse critique des « réponses », donnera aux féministes un sentiment de « déjà vu » assez inquiétant : rien ne bouge parce que « les mentalités peinent à changer ». Ah, ces mentalités ! Déjà le PCF nous les servait à chaque fois que nous revendiquions un changement dans la réalité : « Ah non, pas possible, les mentalités ne sont pas prêtes. Revenez l'année prochaine. » Heureusement, il existe quelques groupes politiques qui prennent le social au sérieux : seulement, dans leur social, il n'y a que la condition ouvrière, Une et Indivisible (curieusement semblable, en ceci, à la République). Parler de sexisme ou de racisme, c'est « diviser la classe ouvrière ».

Boumama plaide pour le paradigme de la concurrence, de la fonctionnalité des discriminations racistes et sexistes pour l'ensemble du système, et pour une démarche qui oublie un peu les « mentalités » : « il ne s'agit plus de changer les joueurs mais les règles du jeu ». Il montre comment les institutions mises en place pour étudier et/ou lutter contre les discriminations sont des gadgets, et des gadgets dangereux car ils produisent à nouveau des discours qui rendent les discriminé.es responsables de leur échec : qu'il s'agisse du discours incantatoire sur le changement des mentalités, du « parrainage », de la « formation des acteurs », de l'accompagnement des victimes de discriminations pour qu'elles ne se complaisent pas dans l'idée erronée qu'elles sont des victimes, tous ces procédés évitent de mettre en cause l'aspect systémique, nient *de facto* son existence, renvoient les discriminés.ées à leurs insuffisances, à leur mauvaise intégration, à leur incompétence, professionnelle ou sociale.

Saïd Bouamama a commencé sa carrière militante avec la Marche pour l'égalité de 1983, dont il était responsable pour la région Nord. Il en a vécu la récupération par SOS-Racisme et sa petite main jaune. Dans les mêmes années, il est devenu sociologue et a écrit 18 ouvrages (voir la bibliographie) ; il ne se lasse pas d'essayer d'expliquer comment les inégalités se produisent, d'essayer de lutter contre le repli identitaire des « Français de souche » (voir notamment *La France, autopsie d'un mythe national*[1]) ; il est de tous les combats, en tant que militant et en tant que sociologue, car il est indissociablement l'un et l'autre, et j'aime cette identité double dans laquelle je me reconnais. Nous nous sommes rencontrés le 4 février 2004 lors du premier meeting de l'association « Une école pour tous/tes », contre la loi scélérate excluant les jeunes filles qui portent le foulard de l'école publique. Il a publié le premier livre sur le sujet pendant l'été : *L'affaire du foulard islamique : la construction d'un racisme respectable*[2]. Avant et après, les titres se sont succédé. On n'arrive pas toujours, en tant que lectrice, à suivre sa production abondante, qui fait de lui l'un des meilleurs « experts »... Pourquoi est-il alors si peu cité par ses pairs ? Ce ne peut être parce qu'il s'appelle Bouamama, non, en voilà une hypothèse absurde ! Alors, parce qu'il est à la fois « juge et partie » ?

C'est vrai que sur la discrimination, les Blancs, qui ne la subissent pas, sont mieux placés pour en parler, et surtout pour être entendus, comme les hommes sont plus crédibles, et plus crus, pour parler de l'oppression des femmes.

Dans son avant-dernier ouvrage, un livre collectif de la ZEP[3], Bouamama laisse paraître son exaspération. Son parcours me fait penser au titre d'un livre de la grande poète états-unienne, Adrienne Rich : *Une patience folle m'a menée jusqu'ici* (Poèmes 1978-1981).

Dans cet ouvrage-ci, c'est à Bouamama le pédagogue inlassable que nous avons affaire. Il y explique - avec patience !-que, y compris quand on prétend reconnaître les discriminations et quand on prétend lutter contre elles, on s'arrange pour les occulter, et que tant qu'on n'aura pas reconnu qu'elles sont produites par l'ensemble du système, et que

---

[1] Paris, Larousse, 2008.
[2] Lille, Le geai bleu, 2004.
[3] *Nique la France*, ZEP, 2010.

réciproquement ces discriminations, racistes ou sexistes, produisent le système, on ne pourra éliminer ni les discriminations, ni le système d'oppression dit « plus général ».

Il faudra bien qu'on finisse par l'entendre.

Christine Delphy, vendredi 8 octobre 2010

« La concurrence est l'expression la plus parfaite de la guerre de tous contre tous qui fait rage dans la société bourgeoise moderne. (...). Cette guerre (...) met aux prises non seulement les différentes classes de la société, mais encore les différents membres de ces classes (...). Les travailleurs se font concurrence tout comme les bourgeois se font concurrence. »

Friedrich Engels, *La situation de la classe laborieuse en Angleterre*

Introduction

En 1983, la Marche pour l'égalité et contre le racisme rendait visible l'existence d'une génération issue de l'immigration provenant des anciennes colonies. Par leur action collective et contestataire, les jeunes marcheurs mettaient en évidence un processus déjà bien entamé de traitement exceptionnel à leur égard, débouchant sur une insertion par le bas et en situation de domination dans l'ensemble des sphères de la société française (scolarité, emploi, logement, etc.).

Dans les années qui vont suivre, les « héritiers de la marche » (Convergence 84, Divergence 85, le Mouvement de l'immigration et des banlieues, Mémoire fertile-agir pour une nouvelle citoyenneté, l'association Divercité dans la région lyonnaise, etc.) affinent leurs analyses, précisent leurs revendications et dénoncent l'existence d'une discrimination raciste[4] touchant spécifiquement l'immigration postcoloniale.

Progressivement, au fur et à mesure des mobilisations militantes, la certitude de l'existence d'une production systémique de ces discriminations (et non seulement de discriminations isolées et liées à un racisme ouvert et idéologique) s'affirme et s'affiche. Ce que ces jeunes

---

[4] Les débats sur la dénomination la plus appropriée pour désigner ces discriminations sont innombrables : discrimination liée à l'origine, discriminations ethniques, discriminations raciales, etc. Ils se résument fréquemment à la recherche d'euphémismes. Nous choisissons pour notre part de dénommer ces discriminations en fonction de leurs causes et de leurs conséquences. De la même façon que les discriminations sexistes sont simultanément produites et productrices de rapports sociaux sexistes, les discriminations racistes sont également, dans le même temps, produites et productrices de rapports sociaux racistes.

constatent déjà au cours de la décennie 80 et qui ne fera que grandir par la suite, c'est l'existence d'un système institutionnel de production et de reproduction des discriminations racistes.

Les réactions à cette conscientisation se résument pendant plusieurs décennies en un mot : la négation. La parole des premiers concernés est niée. L'affirmation de l'existence des discriminations racistes est considérée comme une hérésie. Systémiquement et institutionnellement, la France ne pourrait pas produire et reproduire de discriminations racistes. Pour les uns, elle en serait préservée par le fait qu'elle est le pays de naissance de la pensée des Lumières et par l'inscription formelle dans les textes constitutionnels du principe d'égalité. Pour d'autres, elle en serait préservée par la force du mouvement ouvrier, considéré comme étant « antiraciste » par nature. Plus grave, la prise de parole sur ces discriminations, et sur les contradictions qui traversent les milieux populaires, est considérée comme divisant le monde du travail.

La décennie 90 ne fera qu'approfondir le scandale discriminatoire par le retour en force d'une logique intégrationniste qui prétend désormais non seulement s'appliquer aux immigrés, mais également aux Français issus de l'immigration postcoloniale. Pour saisir et comprendre ce retour de l'intégration, il convient de le réinscrire dans les contextes internationaux et nationaux, dans les évolutions et mouvements qui les caractérisent et dans les contradictions et rapports de forces qui déterminent le sens des évolutions.

Le contexte international depuis cette décennie se caractérise par un cadre idéologique imposant une grille de lecture culturaliste négatrice des contradictions économiques et politiques. La disparition de l'affrontement Est-Ouest laisse les U.S.A. dans un vide de justification et de légitimation pour leurs politiques nationale et internationale. Les théorisations culturalistes de Samuel P. Huntington[5], dont le concept clef est *« le choc des civilisations »*, visent à produire un nouvel ennemi et à diffuser de nouvelles peurs en lieu et place de l'ennemi soviétique et de la peur du Rouge désormais inutilisable. Dans des formes différentes

---

[5] S. P. Huntington, *Le choc des civilisations*, éd. Odile Jacob, Paris, 1997.

acclimatées aux spécificités françaises les mêmes thèses culturalistes tendent à se développer[6] en France.

Dans un tel contexte culturaliste, il n'est pas possible de penser les discriminations racistes et d'agir contre elles. Les inégalités n'ont plus besoin d'être niées ; il suffit d'en situer les causes dans des facteurs culturels propres à une personne ou à un groupe minoritaire. Les inégalités ne sont pas appréhendées comme résultat d'un fonctionnement social, mais comme inadaptation des sujets, victimes du fait de leurs caractéristiques propres et/ou d'un effort insuffisant pour s'en débarrasser.

Ce premier élément de contexte idéologique est en lien avec une base matérielle : la mondialisation capitaliste. C'est cette base matérielle que vise à masquer le culturalisme comme grille de lecture diffusée à longueur de médias. Au niveau international, cette base matérielle est productrice d'un accroissement des écarts entre les pays riches dominants et les pays pauvres dominés. Elle suscite également un accroissement des contradictions entre grandes puissances menant à des guerres pour la maîtrise des ressources en matière première et plus particulièrement pour les ressources en hydrocarbures. La traduction humaine de cette dégradation des pays pauvres pour les pays du Nord prend alors la figure du sans-papiers.

Au niveau national, la même mondialisation conduit à une double conséquence enchaînée. En premier lieu, nous assistons à une précarisation et à une paupérisation massives des milieux populaires faisant voler en éclats le lien social populaire, ses cultures et ses instances de socialisations politiques. En second lieu et en conséquence, se développe la concurrence pour les « biens rares » (éducation, formation, travail, santé, etc.) au sein des milieux populaires. La discrimination raciste n'est qu'une des modalités et une des conséquences de cette hausse de la concurrence produite systémiquement.

Comme dans toutes les périodes de désinvestissement de l'État des services publics, d'une part, et de dérégulation d'autre part, la

---

[6] Consulter, sur certaines formes de cette acclimatation, notre ouvrage : *L'affaire du foulard islamique. La production d'un racisme respectable*, Roubaix, Le Geai bleu éditions, 2004.

concurrence au sein des milieux populaires conduit à l'affaiblissement des plus faibles, à la paupérisation accrue des plus pauvres, à une hausse de la domination des plus dominés. Au sein des milieux populaires, certaines catégories paient ainsi plus cher la remise en cause des acquis sociaux issus des luttes antérieures. Les femmes, les jeunes et les populations issues de l'immigration font partie de ces catégories.

Non seulement les discriminations sexistes, racistes et liées à l'âge existent dans notre société, mais elles ont tendance à se développer fortement depuis deux décennies. Nous ne sommes pas seulement en présence d'un héritage négatif du passé (des préjugés et images sexistes, racistes et anti-jeunes issus des imaginaires patriarcaux, coloniaux et adultocentriques), mais d'une production et d'une reproduction contemporaine de notre système social et de l'ensemble de ses rouages et institutions.

Concernant l'immigration postcoloniale et les populations qui en sont issues, le développement des discriminations racistes dans l'ensemble des sphères de la vie sociale conduit à un triple processus de précarisation, de ghettoïsation et d'ethnicisation. La concurrence pour les biens rares que constituent l'emploi et la formation, redoublée par les discriminations racistes dans ces secteurs, conduit à une précarisation encore plus massive et plus ample pour cette partie des milieux populaires. La concurrence pour le bien rare que constitue le logement, ajoutée aux discriminations dans ce secteur, conduit à un accroissement de la division sociale des logements, c'est-à-dire à une ghettoïsation sociale tendanciellement ethnique. Enfin, l'imposition idéologique du culturalisme comme grille de lecture renforce le processus d'ethnicisation produit par les deux processus précédents.

Non seulement les populations issues de l'immigration sont plus discriminées que par le passé, mais de surcroît les explications dominantes (médiatiques, politiques, institutionnelles, etc.) renvoient aux dominés la responsabilité de leur situation. Intégration insuffisante, incompatibilité de certaines cultures et/ou religions avec la vie sociale française, langue maternelle comme facteur d'échec scolaire, polygamie comme origine des émeutes urbaines, etc., on ne compte plus désormais les interprétations expliquant culturellement des processus économiques, sociaux et politiques, et dédouanant ainsi la responsabilité du système social.

Ce tableau général du contexte social dans lequel se développent les discriminations racistes ne serait pas complet si l'on n'y ajoutait la résistance des dominés. Des prises de conscience ont lieu et leur caractère partiel ne peut pas masquer leur développement. De l'affichage de signes culturels et identitaires à la prise de parole dans les débats publics et politiques, aux révoltes des quartiers populaires en novembre 2005, en passant par l'appel des Indigènes de la République, etc., ce sont des résistances contre la domination qui s'expriment. La forme prise par ces révoltes est elle-même un résultat social. Elle est fonction des canaux disponibles pour exprimer le refus de l'assignation à des places sociales dominées. Les dominés se révoltent comme ils le peuvent, c'est-à-dire en fonction de ce qui est disponible comme moyens pour se révolter. Il est trop simple de critiquer une forme de la révolte sans avoir interrogé le contexte politique et militant et les moyens qu'il offre ou non à la disposition des dominés en question. C'est ainsi l'ensemble du monde progressiste (associatif, syndical et politique) qui est interpellé par les discriminations racistes et par les résistances des premiers concernés.

Or, force est de constater que ce monde progressiste est loin d'être en phase avec cette question cruciale pour l'unité des milieux populaires. Dix ans après Saint-Bernard, les sans-papiers restent une préoccupation secondaire de ce monde progressiste. Vingt-cinq ans après la promesse par Mitterrand du droit de vote pour les résidents étrangers, cette revendication n'est toujours pas perçue comme prioritaire par les partis de gauche. Les réactions à l'affaire dite du « foulard islamique » et/ou aux révoltes de novembre 2005 ont mis en évidence un consensus très large pour expliquer culturellement ces résultats sociaux ou pour nier l'ampleur des discriminations racistes vécues. L'hystérie qui a accompagné la publication de l'appel des Indigènes de la République a mis en scène le même isolement de cette partie importante des classes populaires que sont les populations issues de l'immigration postcoloniale.

Pourtant ces révoltes, en dépit de toutes leurs limites, sont suffisantes pour que les gouvernements successifs en tiennent compte. Elles apparaissent comme suffisamment dangereuses pour que l'on estime nécessaire de mettre en scène l'affichage d'une politique de lutte contre les discriminations racistes pudiquement dénommée « discriminations en raison de l'origine ». Jamais les pouvoirs publics n'ont autant communiqué sur cette question, ni agité autant de dispositifs. La liste des gadgets de communication devient impressionnante : Haute autorité de lutte contre les discriminations (HALDE), ministres, préfets et année de l'Égalité des chances, Cité nationale d'histoire de l'immigration (CNHI), etc. Cette agitation communicationnelle donne l'illusion d'une action réelle et diffuse ainsi l'idée d'une prise en compte de la gravité de la situation.

Pourtant, à y regarder de plus près, l'ensemble de ces discours et dispositifs a un point commun : ne pas interroger les causes réelles, les systèmes producteurs d'inégalités racistes et les institutions qui les incarnent. C'est ce que nous voulons modestement contribuer à montrer au travers de cet ouvrage. Nous pensons en effet que le combat pour la compréhension du monde, la lutte pour l'explication des inégalités sociales, ou autrement dit le combat idéologique, est un moment incontournable des luttes sociales.

Pour ce faire, nous structurerons notre démonstration en deux parties. La première est consacrée aux paradigmes de pensées à partir desquels sont appréhendées les inégalités vécues par les populations issues de l'immigration postcoloniale. Trois paradigmes s'affrontent de manière inégale pour notre objet. Le premier est largement dominant - nous l'avons appelé « culturalisme » - et se décline dans les multiples variantes et nuances des discours sur l'intégration. Le second se construit en opposition au premier, mais en se contentant d'en prendre le contre-pied. Nous l'avons dénommé « paradigme ouvriériste » et il débouche sur une négation de la spécificité des discriminations racistes, celles-ci étant analysées comme identiques aux autres formes de l'inégalité sociale. Un troisième paradigme largement minoritaire aujourd'hui se centre sur l'articulation des dominations. Classes, « races » et sexes s'articulent au sein d'un système social et sont à prendre en compte simultanément pour comprendre la société française et ses inégalités. Nous l'avons dénommé le paradigme de la « concurrence » parce que son mécanisme central est la production d'une concurrence accrue entre forces de travail. C'est au sein de ce paradigme qu'émerge la question postcoloniale comme un des facteurs explicatifs essentiels de la dynamique des dominations contemporaines pour la société française.

Comme pour toute opération de typologisation, nous sommes conscient qu'il s'agit ici d'une simplification du réel social. Dans d'autres travaux, nous avons été amené sur le même objet à proposer d'autres ordonnancements et d'autres noms pour les paradigmes. C'est là tout simplement le reflet d'une pensée en mouvement qui tente de se préciser au fur et à mesure que les débats que soulève l'immigration ouvrent de nouvelles pistes, posent de nouvelles questions, éclairent sous un angle nouveau une réalité. Notre souci n'est pas ici de viser à l'exhaustivité, mais d'aider les acteurs sociaux à se situer dans des enjeux et à faire des choix politiques, en ayant à l'esprit l'ensemble des conséquences humaines de ceux-ci. Nous ne nous situons pas dans un débat abstrait et désincarné, mais relativement à une question portant domination et exploitation.

La seconde partie est consacrée aux réponses dominantes qui sont aujourd'hui proposées. Elle prendra la forme d'un essai de déconstruction des différents discours qui marquent le champ du débat sur les discriminations : la victimisation, la diversité, les exemples de réussites, l'égalité des chances, etc. Notre porte d'entrée restera la fonctionnalité sociale de ces discours. Sans saisie des implicites de ces discours, il est impossible de développer une lutte cohérente contre les discriminations racistes. La période est, en effet, marquée par une multiplication des « actions » et « dispositifs » prétendant lutter contre les discriminations. Parrainages des jeunes issus de l'immigration, chartes de la diversité signée par des entreprises, actions multiples contre les « préjugés » menées par des structures associatives, de travail social ou par l'Éducation nationale, plans municipaux de lutte contre les discriminations, formation des acteurs à la lutte contre les discriminations, etc. La liste est là aussi longue et donne l'impression d'une véritable mobilisation collective. Il ne s'agit pas ici de remettre en cause la sincérité d'une multitude d'acteurs individuels ou collectifs s'engageant dans ces actions et dispositifs. Il s'agit au contraire de tenter une déconstruction de celles-ci pour mettre en évidence leurs implicites et leurs déterminants sociaux et politiques. Ces implicites ne sont pas simplement le fait des acteurs eux-mêmes. Ils s'imposent à eux par de multiples canaux. Autrement dit, ils sont surdéterminés par les rapports de forces entre les paradigmes mentionnés dans notre première partie d'une part et par la production systémique et systématique par l'État et ses institutions de la légitimité du paradigme dominant, celui du culturalisme.

L'imposition du paradigme dominant conduisant à certaines actions et en invalidant d'autres est, elle aussi, systémique. Des études sont financées sur les discriminations, des diagnostics portant sur les discriminations sont réalisés, des instances de consultations associatives sont mises en place pour avoir l'avis des « premiers concernés » sur la question et sur les actions souhaitables, etc. De nouveau, l'impression est celle d'une prise en compte réelle de la question. Pourtant à regarder de plus près les modalités de mise en œuvre de cette production du savoir et de la légitimité, c'est la fabrication d'un savoir attendu qui se dévoile. La boucle est close : le savoir et la légitimité produite orientent vers le paradigme culturaliste ; celui-ci produit un système d'actions cohérent avec lui ; ces actions n'ont aucune efficace sociale, mais donnent l'illusion d'une mobilisation publique et politique dans la lutte contre les discriminations racistes. Il reste au final un sentiment d'impuissance qui dévitalise les mobilisations revendicatives et les prises de conscience.

Les enjeux des questions posées ici sont de taille. Ils sont pour nous centraux dans notre société et pour ceux qui refusent les inégalités qu'elle porte. De la prise en compte ou non de ces enjeux par les progressistes, dépend la nature de la frontière qui s'institue au sein du monde populaire. Aborder de manière culturaliste les questions posées par l'immigration et par ses enfants français, c'est instituer une frontière ethnique. Aborder celles-ci sous l'angle d'un social absolutisé et abstrait, c'est se condamner au même résultat, les populations issues de l'immigration ne pouvant pas se reconnaître dans des analyses ne prenant pas en compte la spécificité de leur domination. Tenter une prise en compte des dimensions systémiques des dominations, c'est ouvrir à de nouvelles dynamiques de luttes s'attaquant aux inégalités réelles telles qu'elles sont produites par notre système social.

Nous espérons simplement, au travers de cette contribution au débat, avoir modestement apporté un élément pour que se développe la lutte pour l'égalité que l'on tente aujourd'hui de neutraliser dans ses effets contestataires en la remplaçant par l'expression pétainiste : égalité des chances.

Les grilles de lecture des discriminations racistes

« Le barbare, c'est d'abord l'homme qui croit à la barbarie »

Claude Lévi-Strauss, *Race et Histoire*

Introduction

L'ensemble des discussions concernant les rapports entre la société française, son immigration et les populations qui en sont issues ressemble à une véritable cacophonie et/ou à un dialogue de sourds. Nous ne sommes pas en présence d'un objet « froid » dont on pourrait débattre calmement et avec distanciation. L'objet est tout à la fois polysémique, politique et polémique. Polysémiques, ces discussions le sont du fait que les mêmes termes (nation, nationalité, discrimination, intégration, ethnie, etc.) ont des sens variables selon les interlocuteurs. Politiques, elles le sont compte tenu des charges émotionnelles que revêtent ces mêmes termes qui sont révélatrices d'une histoire et de ses contradictions, d'un présent et de ses luttes d'intérêts, d'un avenir et des combats pour son orientation. Polémiques, elles le sont enfin parce que ces débats entraînent des conséquences immédiates sur la vie et la quotidienneté de centaines de milliers de citoyens reconnus comme tels ou non.

Le second constat qui s'impose et qui découle du précédent est le caractère masqué du débat et de ses clivages. Depuis la sur-idéologisation des questions liées à l'immigration imposée par la stratégie du Front national, les débats théoriques sont dépendants du contexte immédiat, des échéances électorales, de l'événementiel, du médiatique, etc. Il en découle des confusions dans les débats et les pratiques, des imprécisions dans les termes utilisés, des contradictions entre les buts affichés et les moyens préconisés. La chaleur de l'objet inverse le processus souhaitable en matière de raisonnement analytique. Ce n'est plus ce dernier qui, partant du réel et de ses contradictions, le déconstruit pour orienter vers un souhaitable. Ce sont, au contraire, des préoccupations liées à d'autres questions (échéance électorale et souci de capter telle ou telle partie de l'électorat, choix économiques et modalité de communications pour les faire accepter par les milieux populaires, etc.) qui sont ici premières et que l'on tente de mettre ensuite en cohérence avec une logique théorique. Les paradigmes de lecture de la réalité sociale sont ainsi renvoyés dans l'implicite.

Le troisième constat porte sur le statut de la recherche sur l'objet immigration. Abdelmalek Sayad a souligné, il y a déjà longtemps, la caractéristique de « problématique imposée »[7] liée à cet objet. Nous sommes en présence d'une science dominée pour une population dominée. En témoignent les décennies de silence et/ou la maigreur des travaux pendant de nombreuses années sur la question des discriminations racistes. En témoigne également le développement de ces mêmes travaux depuis que les pouvoirs publics ont officiellement reconnu l'existence de ces discriminations après des années de négation. Au-delà de la recherche, c'est l'essentiel des discours sociaux sur l'immigration qui est déterminé par cette « problématique imposée ». Le poids médiatique de la question dicte une problématique précise aux citoyens ; la dépendance financière des cabinets d'études et de diagnostics les amène à produire un discours attendu ; les conditions implicites de reconnaissance des acteurs associatifs (et les conséquences en terme de subventions qui vont avec) débouchent sur le même résultat. Il est dans ce contexte de « problématique imposée » difficile d'avoir une vision claire des clivages et contradictions sur la manière de poser et de penser les questions liées à l'immigration.

C'est la raison pour laquelle notre première partie est consacrée aux paradigmes. Notre premier chapitre tentera de préciser notre approche d'un certain nombre de termes et de concepts fréquemment utilisés et rarement définis. Les trois autres chapitres seront consacrés à la description des trois grands paradigmes qui nous semblent s'affronter à propos des questions liées à l'immigration postcoloniale.

---

[7] A. Sayad, « Le phénomène migratoire, une relation de domination ou les conditions de possibilité d'une science de l'émigration », in, *Maghrébins en France, émigrés ou immigrés ?*, Annuaire de l'Afrique du Nord, Paris, CRESM-CNRS, 1983.

« Ni citoyen ni étranger, ni vraiment du côté du Même, ni totalement du côté de l'Autre, l' « immigré » se situe en ce lieu « bâtard » dont parle aussi Platon, la frontière de l'être et du non-être social. Déplacé au sens d'incongru et d'importun, il suscite l'embarras ; et la difficulté que l'on éprouve à le penser - jusque dans la science qui reprend souvent, sans le savoir, les présupposés ou les omissions de la vision officielle- ne fait que reproduire l'embarras que crée son inexistence encombrante. »

Pierre Bourdieu, préface au livre de
A. Sayad *L'immigration ou les paradoxes de l'altérité.*

Chapitre 1 : Les mots sont importants

Introduction

Les mots et expressions choisis pour décrire une réalité sociale ne sont pas neutres. Ils portent en eux des choix entre les différents aspects de la réalité que l'on prétend décrire conduisant à en privilégier certains et à en sous-estimer d'autres. Les luttes sociales incluent une dimension idéologique. Le pouvoir épistémologique de l'idéologie dominante est un pouvoir du regard, de la classification et de la nomination. La rupture avec ce pouvoir suppose de s'extraire de son champ de vision et/ou d'introjection. Les mots utilisés véhiculent des analyses et des hypothèses qui prennent d'autant plus le statut d'évidences indiscutables qu'elles sont implicites. Ils déterminent (certes de manière partielle) ce qui fait problème dans la réalité analysée et en conséquence les axes du souhaitable légitime. La bataille du vocabulaire est ainsi partie intégrante des luttes sociales. Il n'est ainsi pas indifférent à l'analyse de parler de « zones sensibles » ou de « quartiers populaires », de même qu'il n'est pas anecdotique de choisir d'utiliser l'expression « minorités visibles » ou « discriminations raciales » plutôt que « Noirs et Arabes » ou « discriminations racistes ».

Les affrontements sur le vocabulaire ne sont ni secondaires, ni le simple fait des acteurs individuels. Ils correspondent à une production de l'État et de ses institutions d'une part, des médias et du monde de la recherche d'autre part, des groupes sociaux concernés réagissant de telle ou telle manière à la façon de les dénommer, pour une troisième part. L'état du vocabulaire sur une réalité sociale révèle ainsi l'état des dominations caractérisant celle-ci. De même que l'on peut lire en partie l'histoire de la colonisation de l'Algérie en prenant en compte les termes utilisés pour désigner les colonisés (Arabes, indigènes, Algériens musulmans, autochtones et bien plus tard Français musulmans), on peut lire partiellement l'histoire de l'immigration au travers des termes choisis (travailleurs immigrés, Maghrébins et Noirs, beurs, musulmans de France, Français issus de l'immigration, issus de la diversité, etc.).

La catégorisation comme reflet des processus de domination

Une conception naïve largement répandue considère comme secondaire le débat sur le vocabulaire et les catégories utilisées. Dans un air du temps à tendance populiste, les approches critiques des catégories dominantes sont perçues et dénoncées comme « ergotage » et « pinaillage ». Face à elles sont avancées des postures pragmatiques prétendant s'intéresser, elles, à l'action pour transformer la réalité et ses aspects dommageables. De la même façon que la thèse de la « fin des idéologies » est elle-même une idéologie, cette thèse de l'inutilité du débat contradictoire sur les catégorisations est en fait le choix des catégories dominantes visant à dominer les catégorisés. Puisque catégorisations il y a, regardons, d'abord, les acteurs de celles-ci.

Commençons par l'acteur disposant des possibilités d'action les plus importantes en la matière : l'État et ses relais institutionnels. Pour reprendre la formule de Max Weber, l'État dispose du « monopole de la violence légitime »[8]. Cette violence ne se limite pas à la possibilité d'une contrainte physique mais s'étend aux différentes formes de la violence symbolique. En autorisant ou non la quantification statistique à partir d'un critère « ethnique » ou « d'origine », en utilisant dans la bouche de ses représentants ou dans le contenu de ses textes des expressions comme « beurs », « musulmans » ou « communauté musulmane », l'appareil d'État classe et ordonne la réalité sociale, c'est-à-dire détermine la place sociale des personnes désignées. Ce faisant c'est la frontière entre ce qu'il est légitime ou illégitime de revendiquer en termes de places sociales et de droits qui est tracée.

---

[8] M. Weber, *Le savant et le Politique*, Paris, La Découverte, 2003.

Les différentes administrations et institutions prolongent et amplifient ce processus d'assignation sociale et identitaire. L'assignation est identitaire dans la mesure où les catégories utilisées participent de la formation des identités collectives. L'assignation est également sociale dans la mesure où les catégories choisies déterminent les places légitimes pouvant être occupées. Nous sommes donc en présence d'un processus de double assignation aux enjeux importants :

« *Ce faisant, les catégories produites aussi bien par les administrations pour conduire l'action publique que par la statistique pour en évaluer les effets et établir des prévisions ou encore par les sciences sociales pour observer et comprendre la société participent, solidairement, à la formation des identités collectives et à l'encadrement des populations dans des étiquettes sociales correspondant à des rôles et positions institués* »[9].

Le second acteur est constitué par le monde de la recherche et des sciences sociales. Les liens paradoxaux qu'entretiennent les sciences sociales et les processus de domination ne sont pas nouveaux. D'une part une partie de leurs travaux contribuent à mettre en évidence les aspects invisibles et implicites des dominations. D'autre part l'essentiel de ces sciences sociales n'échappe pas à leur époque et à ses rapports de forces, à son idéologie dominante et aux catégories qui lui sont liées. Fanny Colonna a par exemple mis en évidence une des fonctions de l'ethnologie pour l'Algérie colonisée[10]. Philippe Lucas et Jean-Claude Vatin ont souligné les mêmes liens ambigus à propos de l'anthropologie[11].

Abdelmalek Sayad a pour sa part mis en évidence à propos des recherches sur l'immigration le caractère « imposé » du discours et de la problématique :

« *Plus que tout autre objet social, il n'est de discours à propos de l'immigré et de l'immigration qu'un discours imposé ; plus que cela,*

---

[9] M. Martiniello et P. Simon, « Les enjeux de la catégorisation. Rapports de domination et luttes autour de la représentation dans les sociétés post-migratoires », *Revue Européenne des Migrations Internationales (REMI)*, volume 21, n° 2- 2005, p.7.
[10] F. Colonna, « *Une fonction coloniale de l'ethnologie dans l'Algérie de l'entre-deux-guerres : la programmation des élites moyennes* », Communication au VIIIème colloque de l'AISLF, Hammamet, 27 septembre-2 octobre 1971, document ronéoté.
[11] P. Lucas, et J.-C. Vatin, *L'Algérie des anthropologues*, Paris, Maspero, 1975.

c'est même toute la problématique de la science sociale de l'immigration qui est une problématique imposée. Et une des formes de cette imposition est de percevoir l'immigré, de le définir, de le penser ou, plus simplement d'en parler toujours en référence à un problème social. Cet appariement entre un groupe social et une série de problèmes sociaux (...) constitue l'indice le plus manifeste que la problématique de la recherche, telle qu'elle est commanditée et telle qu'elle est menée, est en conformité et en continuité directe avec la perception sociale qu'on a de l'immigration et de l'immigré »[12].

Le troisième acteur est celui des médias qui déterminent fortement par leur impact de masse les regards portés sur tel ou tel groupe social et en conséquence les rapports sociaux que l'on peut et que l'on doit légitimement entretenir avec chacun. Concernant cet acteur, nous assistons depuis plusieurs décennies à un processus d'ethnicisation des populations issues de l'immigration postcoloniale. La manière dont les médias dénomment telle personne ou tel groupe social (c'est-à-dire la façon de les catégoriser) a des conséquences bien réelles et bien pratiques ; ensuite :

« *Les processus d'ethnicisation ou de racisation aboutissent globalement à un déni d'universalité à l'égard des individus qui en sont victimes et qui ne sont plus perçus que comme l'incarnation de leur groupe d'appartenance, qu'ils le revendiquent ou non. De la sorte être catégorisé comme un « Noir-Africain », par exemple, que l'on ait ou pas été socialisé en Afrique subsaharienne, pénalise considérablement celui qui cherche à se loger en France, et ceci, toutes proportions gardées, quel que soit son milieu socioculturel* »[13].

Les groupes sociaux et les individus catégorisés ne sont pas passifs face au processus de catégorisations. Ils réagissent à ceux-ci et à leurs effets. Ils mettent en œuvre des stratégies individuelles et collectives utilisant ou rejetant les catégories dominantes, les revendiquant ou les dénonçant afin d'atteindre leurs buts individuels ou collectifs. Frantz

---

[12] A. Sayad, *L'immigration ou les paradoxes de l'altérité*, Paris-Bruxelles, De Boeck Université, 1991, pp. 62-63.
[13] C. Poiret, « Criminalisation de l'immigration et sociologie des relations interethniques », in *Hommes et migrations,* N° 1241, janvier-février 2003, p.6.

Fanon[14] et A. Memmi[15] ont mis en évidence les configurations identitaires face à la domination coloniale et à ses catégorisations. Ils mettent tous deux en évidence avec des termes différents trois postures réactives possibles et pouvant se succéder dans l'expérience d'une personne ou d'un groupe social : la haine de soi, l'affirmation de soi absolutisée et la désaliénation. Ces postures ne sont pas, selon nous, propres à la colonisation. Elles caractérisent la colonisation en tant que système de domination et en conséquence s'appliquent, avec certes des mutations, aux autres contextes de domination.

Sur le vaste marché de la catégorisation, se trouvent donc des acteurs issus de l'immigration qui colleront aux représentations et catégorisations dominantes en tenant les discours attendus desquels on espère subsides et reconnaissances. Ces acteurs, mettant en scène, sincèrement ou de manière intéressée (et fréquemment les deux à la fois), une posture de « haine de soi », sont particulièrement prisés des institutions et du monde politique pour leur contribution à l'ordre des choses dominant. On trouve également sur ce marché la posture réactive d'affirmation de soi absolutisée. La première forme de la révolte contre une catégorisation stigmatisante est la réappropriation du stigmate :

« C'est une chose connue : la dérision est l'arme des faibles ; elle est une arme passive, une arme de protection et de prévention. Technique bien connue de tous les dominés et relativement courante dans toutes les situations de domination : « Nous, les Nègres... » ; « Nous les Khourouto ... » (pour dire « Nous les Arabes... ») ; « Nous les nanas... » ; « Nous les gens du peuple... » ; « Nous les culs-terreux », etc. (...). La sociologie noire américaine, la sociologie coloniale enseignent qu'en règle générale une des formes de révolte et sans doute la première révolte contre la stigmatisation – contre la stigmatisation qui soit socialement vraie, celle qui est générique et qui, ce faisant, caractérise collectivement tout un groupe, qui est durable- consiste à revendiquer le stigmate qui est ainsi constitué en emblème »[16].

---

[14] F. Fanon, « Racisme et Culture », in *Pour la révolution africaine*, Paris, La découverte, 2001, pp.37-51.
[15] A. Memmi, *Portrait du colonisé, Portrait du colonisateur*, Paris, Gallimard, collection Folio-actuel, 2002.
[16] A. Sayad, « Le mode de génération des générations immigrées », in *Migrants-Formation*, n°98, septembre 1994, p.12.

Première forme de la révolte, cette posture n'est cependant pas suffisante pour enclencher une dynamique politique d'émancipation. Edward Saïd distingue ainsi une « théorie de la résistance » comme condition nécessaire mais non suffisante d'une « théorie de libération »[17].

Cette dernière suppose une posture collective organisée s'inscrivant dans une lutte pour la transformation des rapports de forces sociaux et politiques (la désaliénation pour reprendre l'expression de F. Fanon et A. Memmi). C'est ce qu'ont tenté et que tentent de faire des regroupements comme Mémoire fertile, dans le passé, ou comme le Mouvement de l'immigration et des banlieues (MIB) ou les Indigènes de la République, dans le présent.

Comment nommer les discriminations

Depuis le début de notre développement, nous utilisons l'expression de « discriminations racistes ». D'autres auteurs préfèrent utiliser d'autres expressions : discriminations en raison de l'origine, discriminations raciales, discriminations ethniques, etc.

Commençons par nous débarrasser du faux débat sur l'utilisation de certains mots. Une certaine allergie existe dans notre société à l'égard de l'utilisation de certains termes et expressions : races, Blancs, Noirs, indigènes, etc. Cette allergie est à appréhender, selon nous, comme faisant partie de la question ici traitée, comme résultat du même processus de production sociale des discriminations racistes. Au prétexte que biologiquement la race n'existe pas, ou au prétexte que formellement la République ne reconnaît que des citoyens et non des Blancs ou des Noirs, ces termes sont estimés inadéquats pour décrire la réalité. Pourtant les premiers concernés tendent à décrire leur expérience avec des termes et expressions de ce type : races, Blancs, Arabes, Noirs, fromages, Gaulois, etc. Ils décrivent ainsi le sentiment d'un traitement exceptionnel inégal entre deux catégories de citoyens.

Si la « race » n'existe pas biologiquement, le racisme existe lui socialement. Ce n'est pas la race qui produit le racisme mais ce dernier qui produit socialement la « race ». À partir du moment où notre fonctionnement social produit une frontière entre un « nous » et des « eux » sur la base d'une appartenance supposée à des « races », ces

---

[17] E. Saïd, *Culture et Impérialisme*, Paris, Fayard, 2000, p.385.

dernières deviennent des réalités sociales agissantes et aux effets palpables sur l'expérience quotidienne des personnes ainsi classées et assignées. De la même façon, la production par notre fonctionnement social d'un traitement exceptionnel inégal fait exister socialement les « Blancs » et les « Noirs », les « issus de l'immigration » et les « Français de souche », les « indigènes » et les « citoyens », etc. Ne pas utiliser ces termes correspondant à une réalité sociale, c'est se condamner à l'euphémisation, c'est-à-dire au masquage des inégalités les plus scandaleuses et les plus destructrices. C'est justement le refus (pas forcément conscient) des euphémisations qui conduit les premiers concernés à utiliser les mots gênants, ceux qui contraignent à aborder les réalités les plus scandaleuses, ceux qui correspondent à leurs expériences quotidiennes. C'est la raison pour laquelle nous refusons l'ensemble des termes et expressions diluant la question par euphémisation : minorités visibles, discriminations en raison de l'origine, jeunes des cités, jeunes des zones sensibles, etc. Ainsi le terme race disparaîtra et n'aura plus de légitimité pour décrire une réalité sociologique actuelle, quand il n'aura plus de force sociale et d'effets sociaux en tant que tel. D'ici là il est sociologiquement pertinent pour décrire la réalité dans les termes des rapports de domination qu'il désigne.

Le terme « ethnique » et ses dérivés posent d'autres questions et appellent d'autres précisions. Ayant posé précédemment que la différence culturelle, l'ethnie ou la race étaient des constructions sociales, il reste à caractériser la nature des discriminations dont nous parlons. Compte tenu du rapport à l'altérité hérité du francocentrisme de la pensée des Lumières, de la construction nationale française et du passé colonial, l'attribution d'une altérité à une personne ou à un groupe a comme conséquence une infériorisation légitime, une exclusion normale, une domination " naturelle ", etc. Il reste que cette attribution d'une altérité peut se déployer à partir d'une grille de lecture biologisante (consciente ou non) donnant naissance au racisme ou d'une logique explicative culturaliste (tout aussi conscient ou inconsciente) suscitant une production de l'ethnisme.

Soulignons à cet égard que Frantz Fanon relevait déjà dans les années 60 la tendance au passage d'un racisme biologique à un racisme culturaliste. Dans les années 80, la force de la " nouvelle droite " a justement été de théoriser cette mutation des logiques racistes. La revendication d'une reconnaissance de la diversité culturelle française a pu ainsi être traduite et réinterprétée en culte de la pureté culturelle de chaque groupe, c'est-à-dire en justification de " l'apartheid culturel ". Discriminations ethnistes et racistes apparaissent en conséquence comme un continuum dans l'attribution d'une altérité radicale et présentée comme invariante (dans le temps et dans l'espace, c'est-à-dire non dépendante des conditions sociales d'existence), comme l'expression de deux formes distinctes d'une même réalité raciste, comme effet de deux formes du racisme : le racisme biologique et le racisme culturaliste. Les deux discriminations, ethniste et raciste, existent donc et peuvent cohabiter au sein du même discours et au cœur de la pratique d'un même acteur ou d'un même fonctionnement institutionnel.

La raison qui nous amène cependant à utiliser le terme « raciste » plus fréquemment que le terme « ethniste » est la tendance depuis l'expérience du nazisme qu'a le racisme à se déguiser en ethnisme, c'est-à-dire le processus décrit par Fanon du passage d'un racisme biologique à un racisme culturel.

Il reste à nous positionner sur le choix entre « racial » et « raciste ». Le terme « racial » a l'avantage de prendre en compte les discriminations indirectes, systémiques, institutionnelles, etc., celles qui ne sont pas le résultat d'une volonté ou d'une posture explicitement et idéologiquement raciste. Il a en revanche l'inconvénient de ne pas caractériser les effets des processus discriminatoires : hiérarchisation et/ou traitement inégal à partir d'une appartenance supposée à une « race » c'est-à-dire encore du racisme. Qu'elles soient directes ou non, volontaires ou non, sous-tendues par une idéologie de racisme biologique et/ou culturel ou non, les discriminations dont nous parlons ici sont le produit et sont reproductrices d'une société raciste. Inutile de préciser ici longuement que lorsque nous parlons d'une société raciste, nous parlons d'un système et non de l'ensemble de ses composantes. Ajoutons toutefois qu'il ne peut pas y avoir dissociation complète entre un système et ses composantes. Cela signifie dès lors, en particulier, que le racisme reste un mode de relation sociale interindividuelle particulièrement « pertinent » pour décrire la variabilité des relations interindividuelles dans cette société marquée par ce système.

Terminons par une dernière précision pour éviter non pas les critiques mais les procès d'intention. J'utiliserai le terme « Blanc » tout au long de ce livre. Il est à entendre comme désignant tous ceux qui ne sont pas discriminés en raison d'une couleur de peau et/ou d'une origine réelle ou supposée. Cela ne veut pas dire que ces « Blancs » soient une catégorie homogène préservée de toute inégalité et d'autres discriminations. Cela ne veut pas dire non plus qu'il y ait une base biologique et/ou culturelle dans notre utilisation du terme Blanc. Depuis les années 60, la *blackness* aux USA est un concept politique. Il est triste que l'état des débats en France contraigne encore à de telles précisions.

※

Les discriminations racistes sont à la fois une pratique concrète, celle du traitement inégal, et une doctrine, c'est-à-dire une stratégie discursive de justification. Les mots et catégories utilisées sont importants. Ils participent de la mise en forme de la réalité et contribuent à assigner à des places précises ou à légitimer les places sociales occupées. Ils agissent sur les processus de hiérarchisation sociale et de domination. Ils ont des effets concrets sur les rapports sociaux tissés par le reste de la société avec les personnes et les groupes ainsi nommés. En fonction des concepts utilisés et des grilles d'analyses mobilisées, le réel qui se dévoile n'est pas le même. Certains de ces concepts et de ces grilles tout en « reconnaissant » les inégalités de traitement, les renvoient aux comportements, aux cultures, aux efforts insuffisants, aux inadaptations, etc. des personnes discriminées. D'autres au contraire tentent de les relier aux enjeux sociaux et aux rapports de pouvoir qui traversent notre société.

Les euphémisations fréquentes ne font ainsi que révéler cette volonté de masquer la prise en compte de l'instance matérielle des processus discriminatoires, c'est-à-dire la mise en place de conditions de profitabilité concrètes, inégalitaires et la fabrique d'un système de privilèges, quand bien même ceux-ci seraient non désirés par les bénéficiaires. Le culturalisme étant la grille explicative dominante dans les analyses portant sur l'immigration postcoloniale et sur les discriminations racistes, le chapitre suivant tentera de le déconstruire.

« Il n'y a pas d'identité naturelle qui s'imposerait à nous par la force des choses. (...) Il n'y a que des stratégies identitaires ».

Jean-François Bayart, *L'illusion identitaire*

Chapitre 2 : La grille de lecture culturaliste

Introduction

Une des formes les plus courantes du « prêt à penser » contemporain est l'utilisation du terme « culture » et de ses dérivés (culturel, interculturel, multiculturel, transculturel, biculturel, identité culturelle, tradition culturelle, etc.) pour qualifier une réalité, la décrire, la spécifier, la classer. Nous assistons à un véritable foisonnement de ce mot tant dans le discours à prétention savante, que dans les médias, les discours du café du commerce, etc. L'usage de ce terme suggère des hypothèses d'explications des comportements et des événements sans avoir besoin de les énoncer clairement. L'implicite du terme ou plus exactement de ses usages dominants tend à poser le facteur culturel comme cause et les autres aspects de la réalité mis en corrélation comme conséquences.

Cette utilisation dominante du terme culture conduit Jean-François Bayart à poser la question de l'abandon par les sciences sociales des notions de « cultures » et « d'identité culturelle »[18]. Son ouvrage est une contribution à une question essentielle d'aujourd'hui : « *Comment penser les rapports entre culture et politique sans être culturaliste* »[19].

Le même terme de culture masque des conceptions contradictoires de la même réalité. Restituer le terme dans la logique de la conception qui lui donne sens est donc une nécessité pour savoir de quoi on parle. Une première conception peut s'appeler substantialiste ou essentialiste dans la mesure où elle définit la culture comme étant uniquement un héritage du passé. Elle peut ensuite se décliner en une multitude de nuances ayant néanmoins pour point commun d'être centrées sur le passé. Ces conceptions de la culture (de l'identité, de l'ethnie, de l'appartenance, etc.) définissent ces dernières comme réalités objectives issues d'un

---

[18] J.-F. Bayart, *L'illusion identitaire. L'espace du politique*, Paris, Fayard, 1996.
[19] *Ibid*em, p.21.

héritage et/ou d'une origine nationale et/ou ethnique. Dans ce cadre, l'analyse se penche sur les effets de la rencontre entre deux univers culturels et/ou identitaires et tend ainsi quasi inévitablement vers des conclusions à base d'adaptabilité ou d'obstacles à celle-ci. Surtout cette approche occulte les processus de production et de reproduction sociale des identités et des appartenances collectives. Une des caractéristiques de ces approches est donc la tendance à la négation de l'histoire et dans le même mouvement à la négation du rôle actif des hommes porteurs d'une « culture ». Nous appelons culturalisme le courant de pensée absolutisant le facteur culturel, le construisant sous le seul angle de l'héritage et le posant comme seule cause des comportements individuels et collectifs.

A l'inverse de cette approche, l'identité (ou l'ethnie, ou la différence culturelle, etc.) - qu'il faudrait avant tout poser au pluriel, car nous avons des identités, etc., qui font de nous des complexes culturels - peut s'analyser comme résultat de multiples interactions entre un groupe majoritaire et un groupe minoritaire. Comme le souligne Michel Oriol[20], les cultures et les appartenances sont, dans cette approche, produites par les modalités des systèmes d'interaction. Les différences culturelles ne sont pas des substances mais des productions sociales. Notre société, par ses discriminations, est une formidable machine de production de différences culturelles. Ces inégalités dressent des barrières entre les différents groupes[21] constitutifs de notre société. Elles éloignent certains groupes des espaces-temps de la décision politique et sociale. La frontière inégalitaire ainsi produite se réalise à partir de facteurs " culturels " : ce sont certains groupes caractérisés par une " origine " qui se situent en deçà et au-delà de la frontière. Elle suscite à son tour la production de nouvelles " différences culturelles ". La différence n'est donc pas simplement à l'origine de la frontière, elle en est également une production permanente. Ces différences produites socialement sont ensuite dénigrées à partir des systèmes de représentations sociales hiérarchisantes hérités de l'histoire. Or une identité dévalorisée, niée, bafouée et de surcroît mise en avant pour justifier des inégalités sociales aura tendance à rétablir l'équilibre en se réaffirmant. Les réaffirmations

---

[20] M. Oriol, *Les variations de l'identité*, rapport Final de l'ATP CNRS, vol. 1, 1984.
[21] Le discours universaliste prétend ne prendre en compte que les individus jugés " égaux " au regard de la loi républicaine. Compte tenu des inégalités concrètes, cet " universalisme abstrait " conduit à une négation et à une mise en invisibilité de celles-ci. Traiter en égaux des inégaux conduit ainsi à renforcer l'inégalité.

culturelles sont ainsi une des modalités de la revendication politique pour des groupes assignés à des places dominées.

De nombreuses différences culturelles présentées comme héritages et/ou traditions sont en fait, par ce processus, des productions du présent. Les " traditions " apparaissent alors à la fois comme revendication de " modernités " et comme résultat d'une " modernité " impossible, compte tenu des inégalités sociales qui touchent les groupes sociaux concernés. Bien entendu, ces pratiques " traditionnelles " ne permettent pas de faire disparaître les inégalités et les assignations sociales. Elles se contentent (faute de mieux) de reproduire le stigmate en le retournant, c'est-à-dire en le valorisant. Cette production des " traditions " exprime un refus de la situation actuelle, même si ce dernier peut apparaître comme peu lisible et ambigu. Comme le souligne J.-F. Bayart : « *La « culture », c'est moins se conformer ou s'identifier que faire : faire du neuf avec du vieux et parfois aussi du vieux avec du neuf ; faire du Soi avec de l'Autre* »[22]. J.-F. Bayart résume bien ici les contradictions entre les deux conceptions de la culture utilisées dans les débats contemporains. L'approche essentialiste est dominante et conduit à la reproduction des dominations en masquant les causes sociales des attitudes et des comportements. L'approche en termes de production sociale ouvre à une compréhension des processus de domination et à leurs conséquences, entre autres culturelles.

Les trois âges du culturalisme

Les sciences sociales et leurs paradigmes ne sont pas des réalités anhistoriques. Ils ne sont pas situés dans une réalité éthérée qui les protégerait des contradictions de leur époque. Ce sont des productions humaines reflétant dans le monde des idées les clivages qui caractérisent leur société et leur époque. Ils sont socialement et historiquement situés. Prendre en compte l'histoire de l'approche culturaliste et la resituer dans les évolutions du contexte historique global est donc nécessaire pour saisir la domination actuelle de ce paradigme mais également ses enjeux et dangers.

Le contexte historique de naissance du culturalisme dans les sciences sociales est celui des années 30. Il se développe en anthropologie et en

---

[22] J.-F. Bayart, op.cit., p.74.

psychanalyse en opposition au racisme biologique et à l'ethnocentrisme dominant. Des anthropologues comme Margaret Mead et des psychanalystes comme Ruth Benedict démontrent par des études comparatives que nombre de traits et de comportements attribués à une « nature » (le sexe, la race, etc.) sont des productions sociales. Le culturalisme se développe donc par la critique du naturalisme, idéologie justificatrice des inégalités et des domination dans le contexte de l'époque. Dans un contexte historique marqué par l'impérialisme occidental, l'affirmation du « relativisme culturel » a permis de remettre en cause deux des axes des idéologies de dominations de cette période : l'évolutionnisme anthropologique situant les différentes cultures sur une échelle de civilisation d'une part et l'ethnocentrisme, jugeant les autres cultures à partir de la sienne en la postulant comme supérieure, d'autre part. L'idéologie coloniale, avec entre autres sa fameuse « mission civilisatrice », résume à la caricature le paradigme dominant contre lequel se construit le culturalisme.

Nous partageons avec Frantz Fanon l'idée que l'expérience du nazisme puis les luttes anticoloniales ont contraint le racisme à une évolution de ses explications et de ses justifications. Le racisme biologiste n'étant plus légitime, c'est à un renouvellement de l'argumentation raciste que nous assistons :

« Le racisme n'a pas pu se scléroser. Il lui a fallu se renouveler, se nuancer, changer de physionomie. Il lui a fallu subir le sort de l'ensemble culturel qui l'informait. (...). Certes, l'équation morphologique n'a pas disparu totalement, mais les événements des trente dernières années ont ébranlé les convictions les plus encapsulées, bouleversé l'échiquier, restructuré un grand nombre de rapports. Le souvenir du nazisme, le commun asservissement de groupes sociaux importants, l'apparition de « colonies européennes », c'est-à-dire l'institution d'un régime colonial en pleine terre d'Europe, la prise de conscience des travailleurs des pays colonisateurs et racistes, l'évolution des techniques, tout cela a modifié profondément l'aspect du problème. Il nous faut chercher au niveau de la culture, les conséquences de ce racisme »[23].

Dans ce nouveau contexte historique, le racisme tend à se réapproprier le terme de culture en l'essentialisant, c'est-à-dire en

---

[23] F. Fanon, « Racisme et culture », in *Pour la révolution africaine*, op. cit., pp.40 et 41.

confondant les « cultures » avec des « natures ». L'argumentation n'est plus biologiste mais culturelle. La culture est néanmoins définie avec tous les attributs de ce que les racistes biologistes appelaient « nature » : fixité et anhistoricité, homogénéité et absence de contradiction, hiérarchisation ou apartheid. Quelques décennies plus tard, l'extrême droite et en particulier son outil idéologique, le « club de l'Horloge », systématiseront le processus en récupérant la revendication de « droit à la différence » pour la transformer en « assignation à la différence ». Le relativisme culturel, méthode et outil favorisant l'égalité et l'émancipation, tend dans ce nouveau contexte historique à se muter en principe absolu, négateur des interactions inégalitaires et, ce faisant, les justifiant et les reproduisant. Le culturalisme tend à se transformer en idéologie de la domination. Il entre dans son second âge.

Le troisième « âge » de cette histoire du culturalisme est contemporain. Il est en lien avec la disparition des équilibres bipolaires issus de la Seconde Guerre mondiale. Le racisme biologique n'étant plus moralement défendable, la « guerre froide » comme idéologie de légitimation n'étant plus disponible, c'est l'idée de *« choc des civilisations »* qui émerge. Cette théorisation idéologique américaine et ses traductions françaises posent que les civilisations (leurs cultures, leurs religions, etc.) sont par essence amenées à s'exclure, sont incompatibles. La source fondamentale des conflits internationaux comme nationaux est donc culturelle. Sont ainsi éliminées toutes les autres causes : économiques, politiques, sociales, etc.

Il n'est pas inutile ici de rappeler les grandes lignes de l'analyse de F. Fanon sur le culturalisme du « second âge ». Elles sont d'une actualité brûlante au regard des débats concernant les discriminations racistes et la manière dominante de les aborder. Il ne s'agit pas pour nous de conclure à la similitude totale des processus en œuvre mais de souligner des invariants entre les deux derniers âges du culturalisme. La source de ces invariants est l'existence d'une dimension commune entre la situation coloniale et la situation présente : la cohabitation de groupes ethnicisés en situation inégalitaire.

Frantz Fanon insiste en premier lieu sur les causes sociales et systémiques du rapport raciste au monde, à la société et à l'autre. Des individus racistes ne sont possibles que dans une société qui produit et reproduit des rapports inégalitaires entre ses membres en raison d'une appartenance réelle ou supposée à une « race » ou à une « culture ».

« C'est à ce niveau que l'on fait du racisme une histoire de personnes. « Il existe quelques racistes indécrottables, mais avouez que dans l'ensemble la population aime... ». Avec le temps tout cela disparaîtra. Ce pays est le moins raciste... Il existe à l'O.N.U. une commission chargée de lutter contre le racisme. Des films sur le racisme, des poèmes sur le racisme, des messages sur le racisme... Les condamnations spectaculaires et inutiles du racisme. La réalité est qu'un pays colonial est un pays raciste. Si en Angleterre, en Belgique, en France, en dépit des principes démocratiques affirmés par ces nations respectives, il se trouve encore des racistes, ce sont ces racistes qui, contre l'ensemble du pays ont raison. Il n'est pas possible d'asservir des hommes sans logiquement les inférioriser de part en part. Et le racisme n'est que l'explication émotionnelle, affective, quelquefois intellectuelle de cette infériorisation »[24].

Comme nous le développerons dans notre seconde partie, il est fréquent d'entendre aujourd'hui des propos de ce type à propos des discriminations racistes. Les explications les plus fréquentes que nous avons rencontrées dans la bouche d'élus, d'enseignants, d'acteurs institutionnels ou de responsables associatifs peuvent se formaliser comme suit : « c'est un problème de mentalité » ; « c'est une question de temps, il faut laisser du temps au temps » ; « c'est le fait d'une minorité d'extrême droite » ; « la société française n'est pas raciste » ; etc. De même ce sont les limites de cet « antiracisme » négateur de la dimension systémique que dénoncent depuis longtemps les mouvements de luttes dans l'immigration. Ainsi une brochure de l'association Texture avait-elle pour titre au début de la décennie 80 : *De l'antiracisme à la citoyenneté*.

F. Fanon poursuit son analyse du racisme en situation coloniale en analysant la prolifération des discours sur le respect. Il souligne le caractère inégalitaire de la relation respectueuse. Il décrit la pseudo-connaissance de l'autre qui est à la base de la relation respectueuse.

---

[24] *Ibid.*, p.47.

« Le souci constamment affirmé de « respecter la culture des populations autochtones » ne signifie donc pas la prise en considération des valeurs portées par la culture, incarnées par les hommes. Bien plutôt on devine dans cette démarche une volonté d'objectiver, d'encapsuler, d'emprisonner, d'enkyster. Des phrases telles que : « je les connais », « ils sont comme cela » traduisent cette objectivation maximum réussie. Ainsi je connais les gestes, les pensées qui définissent ces hommes. L'exotisme est une des formes de cette simplification »[25].

Toutes choses égales par ailleurs, les mêmes postures sont repérables aujourd'hui dans le discours dominant sur les discriminations. Nous en donnerons des exemples dans la suite de notre propos. Soulignons juste pour l'instant que la croyance naïve dans le fait que le développement de la « connaissance et du respect de la culture des immigrés » est une lutte contre les discriminations racistes, si fréquente dans le travail social et les actions associatives, ne sort pas de cette relation respectueuse, c'est-à-dire inégalitaire. Fréquemment c'est le « couscous-merguez » et les « danses orientales » que nous avons rencontrés. Ce culte du respect conduit à un passage subtil d'une analyse en termes de « racisme conséquence » (d'un fonctionnement social, d'une relation inégalitaire, etc.) à un « racisme cause » ne laissant de place qu'à des discours abstrait et humanitariste :

« Oubliant le racisme-conséquence on s'acharne sur le racisme cause. Des campagnes de désintoxication sont entreprises. On fait appel au sens de l'humain, à l'amour, au respect des valeurs suprêmes »[26].

L'analyse de Fanon n'est pas globalisante. Il souligne les prises de positions de nombreux citoyens contre le racisme produit par la société raciste. Il insiste sur les interactions entre les réactions des dominés et l'évolution du discours raciste. En particulier, il insiste sur le fait que l'adoption d'une posture revendicative par les dominés fait émerger la thèse du « racisme anti-Blanc » :

« La circulation des groupes, la libération dans certaines parties du monde d'hommes antérieurement infériorisés, rendent de plus en plus précaire l'équilibre. Assez inattendûment le groupe raciste dénonce

---

[25] *Ibid.*, p.42.
[26] *Ibid.*, p.48.

l'apparition d'un racisme chez les hommes opprimés. Le « primitivisme intellectuel » de la période d'exploitation fait place au « fanatisme moyenâgeux, voire préhistorique « de la période de libération »[27].

Ce qui est en cause ici pour Frantz Fanon, c'est le refus par le dominé de sa domination, c'est son exigence d'égalité. La forme de ce refus et de cette exigence est la sortie de l'invisibilité de manière ostentatoire. À son tour cette visibilité volontaire suscite des pressions à l'assimilation :

« *L'ancien émigré, par l'ambiguïté soudaine de son comportement introduit le scandale. A l'anonymat du traditionaliste il oppose un exhibitionnisme véhément et agressif. État de grâce et agressivité sont deux constantes retrouvées à ce stade. L'agressivité étant le mécanisme passionnel permettant d'échapper à la morsure du paradoxe. (...). Par contre l'occupant à cette époque multiplie les appels à l'assimilation, puis à l'intégration, à la communauté* »[28].

Sans sombrer dans l'analogie absolue, comment ne pas faire le lien avec la réapparition de la thèse du racisme anti-Blanc aujourd'hui suite aux affirmations politiques qu'ont été des mouvements aussi divers que la création du C.R.A.N., la candidature de Dieudonné à diverses élections ou l'appel des Indigènes de la République. Plus largement, les exemples ne sont pas rares dans lesquels l'attitude des discriminés sert d'explication et de justification à l'attitude des discriminants. La thèse de la « victimisation » comme explication des discriminations racistes est ainsi une des plus fréquentes que nous avons rencontrées. Plus globalement trois systèmes de raisonnement sont fréquemment rencontrés dans les discussions concernant les discriminations racistes. Ces trois logiques argumentaires convergent pour cantonner les changements possibles à des transformations d'apparences, voire pour renvoyer aux dominés la responsabilité de leur situation. La première est la négation de l'aspect systémique des discriminations racistes. La seconde est l'instauration d'une relation respectueuse en lieu et place d'une relation égalitaire. La troisième consiste à renvoyer « dos-à-dos » discriminés et discriminants en inversant la relation entre « racisme cause » et « racisme conséquence ». Ces trois systèmes ne nous sont pas

---

[27] *Ibid.*, p.44.
[28] *Ibid.*, pp.49 et 50.

inconnus. Ils ont déjà été analysés pour d'autres relations de domination : le rapport colonial, le rapport sexiste, le rapport de classe.

Le culturalisme appliqué à l'immigration : l'intégrationnisme

L'approche culturaliste en matière d'immigration est dominante. Elle prend néanmoins une multitude de nuances. Au-delà de celles-ci cependant, deux points communs sont repérables. Le premier axe commun est l'opération d'homogénéisation « culturelle » du « groupe majoritaire » d'une part et de chaque « groupe minoritaire », d'autre part. Cette homogénéisation est nécessaire pour faire apparaître comme une évidence que les rapports entre les populations issues de l'immigration et la société française sont d'abord de nature culturelle (c'est-à-dire comme n'étant que secondairement politique et économique). Nous sommes en présence de ce que Sayad dénomme « l'illusion communautaire » :

« C'est sans doute la tendance à percevoir les immigrés comme une catégorie qui incite le plus à vouloir, en les regroupant dans le même habitat, les constituer en une communauté intégrée, alors qu'ils ne forment, somme toute, qu'un amalgame d'individus que sépare, en dépit du statut et de la condition sociale qu'ils partagent, toute une série de différences dans les itinéraires particuliers, dans l'histoire sociale de chaque mouvement national d'émigration, dans leur position au sein de cette histoire, etc. Au fond, ne s'autorise-t-on pas du préjugé identifiant les uns aux autres tous les immigrées d'une même nationalité, d'une même ethnie ou d'un groupe de nationalité (les Maghrébins, les Africains noirs, etc.), pour faire passer dans la réalité et pour mettre en œuvre dans la pratique, en toute légitimité et en toute liberté, l'illusion communautaire ? Ainsi, la perception naïve et très ethnocentrique qu'on a des immigrés comme étant tous semblables, se trouve au principe de cette communauté illusoire »[29].

La même perception culturaliste du lien entre population conduit au résultat exactement inverse : la hantise du regroupement communautaire et l'exigence d'éparpillement, les discours sur le seuil de tolérance, sur le repli communautaire, sur la mixité sociale (euphémisme pour parler de

---

[29] A. Sayad, « Le foyer des sans-familles », in *L'Immigration et les paradoxes de l'altérité*, op.cit., pp.91 et 92.

mixité ethnique), etc. Dans les deux cas, c'est l'existence d'une « communauté » supposée qui est à la base du raisonnement.

Une telle perception communautaire de l'autre suppose une perception communautaire de soi explicite ou implicite. C'est ainsi aussi, au singulier, que l'on parlera de « la » culture française, des « valeurs » françaises ou de la « République française », etc. Sont passés ici sous silence l'existence de classes sociales et de minorités nationales, les conflits historiques sur les « valeurs » et la « République », et une infinité de variations dans les formes sociales qu'il serait impossible d'énoncer ici, etc.

Le second axe commun des analyses culturalistes est résumé de la manière suivante par Marco Martiniello :

« Le second axe de l'approche « culturaliste » procède d'une mise en œuvre du binôme intégration/culture [De Coorebyter, 1988]. Plus précisément, la mauvaise intégration sociale et économique des populations d'origine immigrée s'expliquerait principalement par des variables liées aux différences culturelles existant entre la « société d'accueil » et la « société d'origine ». Plus, ce sont les handicaps culturels que connaissent les populations d'origine immigrée qui constitueraient l'explication centrale de leurs problèmes sociaux et économiques »[30].

Des expressions devenues courantes dans le vocabulaire social reflètent cette approche : écartèlement entre deux cultures, incapacité à traverser le périphérique, absence de transmission de la mémoire parentale comme source d'inadaptation, développement du commerce ethnique, etc. Nous y reviendrons.

Le concept d'intégration est donc central dans l'approche culturaliste. Le débat n'est pas abstrait. Il influence des réflexions politiques lourdes de conséquences pour les populations issues de l'immigration. Ainsi par exemple, la commission « prévention » du « Groupe d'études

---

[30] M. Martiniello, « Pluralisme culturel et pouvoir politique, Pour une approche théorique alternative des relations entre « Belges de souche » et « immigrés » dans la cité bruxelloise », in *Nations, frontières et immigration en Europe*, ouvrage collectif sous la direction de C. Neveu, Paris, L'harmattan, 1995, p.91.

parlementaire sur la sécurité intérieure » présidée par Jacques-Alain Bénisti a rendu à Dominique de Villepin son rapport en octobre 2004. Outre le fait que ce rapport parle de « prémices » de la déviance dès l'âge de 3 ans, il pose une attribution causale de la délinquance : la non-maîtrise de la langue française.

Cette hypothèse culturaliste est révélatrice des ambiguïtés qui recouvrent le terme « d'intégration ». Voici ce que déclare le rapport dans ses premières pages :

« Entre 1 et 3 ans : Seuls les parents, et en particulier la mère, ont un contact avec leurs enfants. Si ces dernières sont d'origine étrangère, ils devront s'obliger à parler le français dans leur foyer pour habituer les enfants à n'avoir que cette langue pour s'exprimer (...). Si elles sentent dans certains cas des réticences de la part des pères, qui exigent souvent le parler patois du pays à la maison, elles seront dissuadées de le faire. Il faut alors engager des actions en direction du père pour l'inciter dans cette direction »[31].

La délinquance est ici référée à un « déficit d'intégration », lui-même attribué au fait de parler une autre langue que le français[32] à la maison. Le « déficit d'intégration » ne relève ainsi que des parents et non d'un fonctionnement social[33]. Le terme d'intégration et le paradigme intégrationniste sont porteurs d'enjeux fondamentaux.

Nous sommes devant un paradoxe réel avec cette « notion chargée »[34] qu'est l'intégration. Son rejet par ceux qu'elle prétend décrire et

---

[31] Rapport Benisti, p.9.
[32] Le caractère « magique » attribué à la maîtrise de la langue française est un des traits essentiels de l'ensemble de la logique du gouvernement actuel tant sur la question de l'échec scolaire que sur celle de l'immigration ou de la lutte contre les discriminations. C'est lui qui explique le fameux « Contrat d'accueil et d'intégration ». La non-maîtrise de la langue française n'est pas perçue comme résultat d'une place sociale assignée mais au contraire c'est cette place qui est expliquée par la non-maîtrise de la langue. Cette inversion des causes et des conséquences révèle une explication culturaliste des questions sociales signifiant une perception « civilisatrice » de la langue française.
[33] Il est significatif à cet égard que les rédacteurs du rapport continuent de parler du FAS occultant le changement de dénomination de cet organisme. Celui-ci se nomme désormais « FASILD » depuis 2001.
[34] Nous reprenons ce sous-titre de l'article incontournable d'Abdelmalek Sayad, « Le poids des mots » in, *La double absence*, Paris, Seuil, 1999, p.313.

expliquer n'a d'équivalent que la surabondance de son utilisation par ceux qui prétendent les décrire. Ce paradoxe n'a d'explication selon nous que dans la prise en compte du caractère performatif du discours sur l'intégration (comme c'est d'ailleurs le cas pour l'ensemble des discours concernant l'immigration et ses enfants). Le discours sur l'intégration et désormais le terme lui-même visent à imposer et à légitimer une distinction entre un « nous » et un « eux », entre des intégrables, des *inintégrables* et des intégrés d'une part et une société française intégratrice, d'autre part. Il n'est pas inutile pour éviter de faux débats et de fausses polémiques de tenter de poser, de manière non exhaustive, quelques points de clivages qui nous semblent incontournables.

Le premier point de clivage porte sur la nature même de cette « intégration » : est-elle une réalité sociale et collective découlant du fonctionnement social ou au contraire une « intégration individuelle » ?

La figure d'Émile Durkheim est incontournable lorsque l'on parle d'intégration et cela explique en partie la difficulté à se débarrasser de cette notion surchargée. Encore faut-il rappeler que l'approche de Durkheim s'intéresse au caractère plus ou moins intégré d'un groupe, d'une société, d'un collectif. C'est le caractère intégré du tout ou du collectif qui permet l'intégration individuelle et non l'inverse :

« Et sans doute, l'intégration ainsi comprise, l'intégration comme réalité sociale et par conséquent collective, est-elle la condition même de l'intégration au second sens du terme, l'intégration individuelle des parties au tout. Plus grande et plus forte est l'intégration du tout, plus fort et plus grand est le pouvoir intégrateur de ce groupe, plus nécessaire et plus facile à réaliser est l'intégration à ce groupe de chacune de ses parties constitutives, anciennes ou nouvelles »[35].

Cette acception de l'intégration[36] non limitée à l'immigration mais interrogeant les processus et mécanismes faisant le lien dans une société ou un groupe est bien entendu fondamentalement différente du sens

---

[35] *Ibid.*
[36] Soulignons au passage que l'approche durkheimienne de l'intégration est également à interroger de manière critique du fait de son sous-entendu organiciste, c'est-à-dire de l'évacuation de la question des clivages sociaux et en particulier des clivages de classes qui caractérisent nos sociétés contemporaines.

majoritaire (et quasi hégémonique) pris par le terme intégration dans le discours scientifique, médiatique et politique. Ces discours restent majoritairement bâtis à partir d'une approche individualisante, capacitaire et de volonté individuelle. L'implicite du discours est alors celui d'une distance culturelle que certains résolvent par « volonté d'intégration » et que d'autres refusent (ou sont incapables de mener à bien) par « communautarisme »[37].

Le second clivage théorique et pratique à l'endroit de l'intégration porte sur son existence même. La perception dominante de l'intégration pose la possibilité d'une non-intégration alors même que celle-ci est inévitable. La question n'est donc pas « intégration » ou « non-intégration », mais intégration selon quelles modalités, à quelles places et avec quelles assignations sociales. Il en va de l'intégration comme de l'exclusion. Personne n'est exclu ou non intégré ; beaucoup sont, par contre, insérés par le bas ou intégrés à une place de dominés. Nier l'inévitabilité de « l'intégration » c'est nier les inégalités et discriminations qui touchent par essence une population caractérisée par l'avantage qu'elle procure en terme de « coût du travail ». L'hégémonisme idéologique sur la question de l'intégration (qui a été largement introduit dans le champ de la recherche théorique) est de substituer l'alternative intégration/non-intégration à celle d'intégration dominée ou intégration égalitaire.

L'enjeu est de taille, il est de dépolitiser la question en la renvoyant à la morale et ainsi de perpétuer et de légitimer les dominations :

« S'agissant de l'immigration, il est difficile de faire le partage entre morale et politique ; la chose est par définition plus difficile dans le cas de l'immigration que dans le cas de tous les autres objets sociaux, quand même ils seraient par priorité des objets de charité. L'être « apolitique », parce que « non national », qu'est l'immigré est, d'une part l'illustration

---

[37] C'est cette acception individualisante de l'intégration qui explique selon nous la redécouverte et le redéploiement d'une logique qui s'était déployée fortement à l'époque coloniale. Celle-ci catégorise les personnes en fonction de leurs « réussites » ou de leurs « échecs ». La réussite des uns et l'échec des autres ne sont plus référés à des processus sociaux mais uniquement à des « efforts individuels » signifiant l'effort d'intégration des uns et le refus d'intégration des autres. La promotion d'une « élite indigène » peut ainsi voisiner avec le développement d'un discours de surveillance et de répression comme en témoigne le rapport Benisti cité ci-dessus.

par excellence du caractère éminemment politique (même s'il n'est pas avoué) de l'immigration et, d'autre part, l'exemple paradigmatique de cet espèce d'objets qu'on aimerait réduire en totalité à une question de pure morale. La manière la plus pernicieuse de subvertir l'immigration en assurant la domination la plus totale qui puisse s'exercer sur elle est de la dépolitiser »[38].

Le troisième clivage théorique et pratique porte sur les modalités de cette « intégration ». Le sous-entendu organiciste du terme induit l'idée d'une « intégration » harmonieuse sous-entendant une nouvelle fois que ceux qui n'y arrivent pas en sont les premiers responsables (ou seraient caractérisés par une distance culturelle insurmontable ce qui bien sûr revient au même) et éludant ainsi les processus d'inégalités irriguant le fonctionnement social. C'est cet aspect qui oriente le discours de l'intégration vers une « injonction à l'intégration », qui conduit à magnifier les « intégrations passées » et à dramatiser les « intégrations conflictuelles présentes » :

« *L'espèce d'irénisme (social et politique) qui s'attache au mot « intégration » porte non seulement à magnifier l'histoire des « intégrations passées », déjà accomplies, et, corrélativement, à « noircir » l'histoire des conflits présents, mais aussi à s'imaginer que le processus sociologique d'intégration peut être le produit d'une volonté politique, peut être le résultat d'une action consciemment et décisivement conduite au moyen des mécanismes d'État* »[39].

Autrement dit, la place réelle de l'immigration et de ses enfants est un processus reflétant l'état d'une société, les places sociales qu'elle assigne à ses nouveaux membres, les réactions de luttes de ceux-ci pour obtenir une place plus égalitaire. Dès lors la notion même de politique étatique d'intégration est à interroger : seules des politiques sociales visant à construire une plus grande égalité pouvant être, selon nous, envisagées. Il s'agit bien de conflits entre une assignation dominée et le refus de celle-ci par les premiers concernés et non d'adaptabilité, de « distance culturelle » ou de « volonté individuelle ». Nous reviendrons plus bas sur

---

[38] A. Sayad, *op. Cit.* p.316.
[39] *Ibid.*, pp.307-308.

les formes que peuvent prendre les réactions à la domination et à l'assignation à une place[40].

Ces différents clivages sont pertinents pour toutes les immigrations, les contemporaines comme celles du passé. Soulignons maintenant une différence notable spécifiant l'immigration postcoloniale : la reproduction transgénérationnelle du stigmate xénophobe. Le simple fait de penser, d'analyser et de parler des mécanismes sociaux vécus par les Français issus de la colonisation en l'articulant avec le pseudo-concept d'intégration souligne son caractère idéologique. Cet aspect souligne le basculement d'une logique visant à décrire le processus d'enracinement d'une « immigration » à une logique de hiérarchisation de la société française à partir d'un critère d'origine. Ce basculement introduit et légitime une lecture non économique, non sociale et non politique des difficultés et inégalités vécues de ces « Français mis à part ». Nous sommes en présence d'un véritable changement. Le détournement du concept sociologique de l'intégration comme grille de lecture des Français issus de l'immigration n'est pas secondaire. Il enclenche selon nous un processus visant à masquer et à faire accepter sans contestation une place assignée. De ce fait ce détournement ne peut qu'inéluctablement produire des injonctions à l'intégration, des évaluations d'une intégration insuffisante, des demandes d'efforts supplémentaires, des injonctions à la déloyauté, des demandes de ruptures ostensiblement affichées, des méfiances devant la moindre affirmation d'une altérité.

L'interprétation culturaliste des réactions des dominés

Ces éléments de cadrage du débat que nous empruntons à Abdelmalek Sayad nous permettent de formaliser la grille dominante de lecture de certains comportements, à forte visibilité, des jeunes issus de la colonisation. L'idéal-type de cette intégration dispose des traits suivants : elle est individuelle, égalitaire, harmonieuse et structurée sur la base d'un

---

[40] Soulignons simplement pour l'instant que ces formes sont elles-mêmes déterminées par la société globale. Si une différence existe entre l'immigration polonaise et l'immigration issue des ex-colonies par exemple, l'origine est à rechercher dans cette histoire commune d'une part et dans l'état de la société française d'autre part et en particulier dans l'état des rapports de forces entre classes sociales qui la caractérisent.

conflit entre « tradition et modernité »[41]. Un tel modèle ne peut conduire qu'à des diagnostics opposés de manière binaire. La famille étant située comme l'espace essentiel du conflit entre tradition et modernité, c'est son procès que l'on fait ou ses louanges que l'on clame lorsque l'on parle d'intégration :

« Ce qui est moins abstrait, d'une certaine façon, ce sont les discours sur l'intégration « culturelle » de tous ces groupes (aujourd'hui, on dirait de toutes ces « familles immigrées »). Le discours politique et militant et de nombreux discours sociologiques alignent leurs vérités et affûtent leurs théories sur la divulgation de « faits » censés montrer tantôt une complète intégration, par exemple à travers la réussite scolaire- et dans ce cas nous sommes dans le modèle, par déduction, de la famille ouverte, unie, mobilisée stratégique, en un mot intégrée-, tantôt d'autre « faits » : fugues, échec scolaire, délinquance, etc., qui s'acharneraient à exposer les brisures familiales, preuves irréfutables de leur radicale extériorité, typiques de leur désintégration »[42].

Cette division culturaliste binaire ne se contente pas d'opposer des « familles intégrées » (du fait de la victoire de la « modernité » et donc de leurs bonnes « intégrations ») et des « familles désintégrées » (du fait de la persistance de la tradition « communautariste ») mais se projette désormais au sein même de chacune des familles pour expliquer les rapports intergénérationnels qui seraient eux aussi essentiellement et quasi uniquement marqués par l'opposition entre « tradition et modernité ». Au clivage « familles intégrées » (c'est-à-dire ayant fait l'effort de s'intégrer) et « familles désintégrées » (ayant refusé cet effort) se surajoute un second clivage entre « parents retardataires » et « enfants modernes », lui-même pouvant se décliner plus finement en « filles intégrées » et « garçons et pères» marqués par le « repli communautariste ».

---

[41] La théorisation culturaliste de l'opposition entre « tradition et modernité » a une histoire longue qui a déjà à maintes reprises servi à dépolitiser des questions sociales. C'est elle qui est mise en avant pour appeler à moraliser le prolétariat et expliquer certains de ses comportements au début du capitalisme ; c'est également elle que l'on retrouve pour analyser les inégalités et les revendications des colonisés à l'époque coloniale ; c'est aussi elle que l'on redécouvre dans une version modernisée au travers de la théorie du « choc des civilisations ».
[42] S. Laacher, « La « famille immigrée » et la construction sociale de la réalité », in *Migrants-Formation*, n° 98, septembre 1994, p.26.

L'histoire des clivages binaires produits par la logique de l'opposition entre « tradition et modernité » reste à faire. Soulignons ici que c'est à chaque fois l'opposition des premiers concernés au stigmate imposé, c'est-à-dire des démentis de la réalité sociale qui suscite l'enclenchement du processus de production d'une nouvelle division binaire, c'est-à-dire d'un nouveau stigmate. Il n'est pas inutile de rappeler quelques étapes de cette histoire des « nominations » :

- La division entre colonisé et colonisateur, clivage culturaliste par excellence, a permis d'occulter la violence fondamentale que constitue la colonisation et à masquer ou à légitimer (selon que l'on soit pour une « colonisation progressiste, émancipatrice et compassionnelle» ou une « colonisation ouvertement raciste ») la relation de domination qu'elle produit. Le sort des colonisés n'est plus, grâce à cette magie idéologique de la nomination, le résultat de la domination, mais celui d'un « retard historique » (que certains estimeront rattrapable et que d'autres analyseront comme biologiquement puis culturellement impossible). La colonisation suscitant inévitablement l'émigration par ses effets de destruction des logiques économiques du pays colonisé, il y a eu importation au sein de la métropole du clivage culturaliste « colon-colonisé ». En témoignent les dénominations de « travailleurs coloniaux », de « sujets français » ou de « Français musulmans » qui ont servi à désigner socialement les colonisés pendant toute une époque. En témoigne également la mise en place d'un travail social spécifique, en particulier pour les Algériens.

- La division entre « immigration de peuplement » et « immigration de travail », le travailleur colonial devenant le travailleur immigré[43]. Cette dénomination en apparence neutre spécifie le travailleur immigré comme différent des autres travailleurs, le cantonne dans la sphère du travail et le pose comme simple force de travail en transit, c'est-à-dire destinée à rentrer dans son pays d'origine. Ce clivage culturaliste a une nouvelle fois servi

---

[43] L'investissement du monde syndical par ces « travailleurs coloniaux », l'émergence dans l'immigration d'un mouvement nationaliste empruntant son argumentation politique à l'ordre de la modernité (déclaration de 1789, droits des peuples, résistance à l'oppression, etc.) et non à celui de la tradition, puis la décolonisation rendent caduque cette première division culturaliste fondatrice et la contraignent à se muter en une autre : immigration de travail/immigration de peuplement.

socialement à légitimer l'exclusion de certains droits, à justifier une relation de domination[44]. En témoigne l'histoire des foyers destinés à ce travailleur dit « spécifique » dans lesquels il n'y a pas de « locataires » mais des « résidents », dans lesquels ont travaillé des « anciens des colonies » connaissant mieux la « culture » de cette population, dans lesquels l'ordre architectural (taille des chambres, cuisine commune, organisation des espaces, etc.) était justifié par des arguments de type culturaliste.

- Les « travailleurs immigrés » et les « beurs » : avec beaucoup de retard les décideurs politiques sont contraints de constater que l'immigration dite de « travail » s'est logiquement transformée en « immigration de peuplement ». De provisoire cette immigration est devenue durable et de durable elle s'est transformée en définitive. Il faudra attendre les contestations sociales des jeunes issus de l'immigration pour que cette réalité soit reconnue. Ce sont ainsi en quelque sorte les « enfants » qui font sortir les « parents » de l'invisibilité, du cantonnement dans la seule sphère du travail et de l'interdiction d'investir la sphère politique. La construction sociale et médiatique des « beurs » permet la réintroduction du clivage culturaliste sous la forme d'un « conflit intergénérationnel ». Les parents sont posés comme marqués par la tradition (occultant ainsi la multitude des transformations inéluctables que suscite l'immigration) et les enfants comme symbole de l'intégration (occultant ainsi les multiples liens et solidarités qui les rattachent objectivement et subjectivement à leurs parents)[45]. Les uns sont marqués entièrement du sceau de

---

[44] Nous partageons l'avis de Sayad d'une analogie avec le système colonial, l'immigration se transformant en système : « *Outre la série d'analogies qu'on peut saisir entre les deux phénomènes- analogies d'ordre historique (l'immigration est souvent fille de la colonisation directe et indirecte) et analogies de structure (l'immigration, actuellement, occupe dans l'ordre des relations de domination la place qu'occupait hier la colonisation)- l'immigration s'est, d'une certaine façon, érigée en système de la même manière qu'on disait que « la colonisation est un système » (selon l'expression de Jean-Paul Sartre)* », L'immigration ou les paradoxes de l'altérité, Paris-Bruxelles, De Boeck, 1991, p.111, note de bas de page.

[45] Il n'est pas possible de dissocier dans ce processus ce qui découle de préoccupations conjoncturelles (légitimer les restructurations industrielles qui se traduisent par des licenciements massifs de « travailleurs immigrés » et justifier la tentation de les renvoyer chez eux) et ce qui provient de l'image de soi de la société française (ethnocentrisme culturaliste et « civilisateur » faisant des enfants des personnes

l'extériorité et les autres sont entièrement endogénéisés[46], ce qui permet ainsi de sauvegarder le mythe d'une société *uniculturelle* que la réalité historique dément.

- Les « communautaristes » et les « intégrés » : c'est une nouvelle fois des premiers concernés que viendra l'obsolescence du clivage culturaliste précédent. L'investissement de l'islam par de nombreux jeunes pour donner sens à une existence insupportable, la sortie de l'invisibilité et l'investissement de la sphère publique, le refus souvent non maîtrisé et non conscient d'une place assignée, la sortie de la « politesse » discrète pour entrer dans la revendication politique, etc., l'ensemble de ces réactions suscite l'émergence d'un nouveau clivage culturaliste. Celui-ci prend la forme d'une série de nouvelles scissions binaires : les « sauvageons » et les « exemples de réussite »[47], les frères et pères traditionalistes et les femmes et sœurs victimes ; la fille voilée et la « beurette » émancipée.

Le paradigme culturaliste et intégrationniste réduit le réel social complexe en scission binaire et ainsi permet une dépolitisation des questions analysées. Le pouvoir de nomination est également performatif, c'est-à-dire qu'il produit la réalité sociale qu'il prétend simplement décrire objectivement. Il peut ainsi présenter les conséquences d'une place sociale assignée comme cause de celle-ci. Les comportements jugés « positifs » ou « négatifs » ne sont plus posés comme résultat social (résultat d'une trajectoire déterminée par une place

---

assimilées ou en voie d'assimilation). Les deux facteurs se conjuguent et se légitiment l'un l'autre. C'est parce que les uns sont inassimilables que l'on peut les renvoyer chez eux et c'est parce que les autres sont « en voie d'assimilation » que l'on peut exiger d'eux une « déloyauté » mise en scène.

[46] Cette endogénéisation ne signifie pas que les jeunes issus de l'immigration deviennent entièrement des « indigènes » de la société française. La reconnaissance est celle d'un processus en cours, c'est-à-dire que la place dominée de ces jeunes peut encore être légitimée par une « intégration insuffisante ». De la même façon que leurs parents qui avaient remplacé les colonisés dans l'ordre des dominations, les jeunes issus de l'immigration peuvent remplacer leurs « parents » (ou plus exactement se rajouter à eux).

[47] Cette scission binaire n'est pas sans rappeler la division coloniale entre une masse d'indigènes arriérés et une élite intégrée ou en voie d'intégration, de même que les discours sur les femmes de l'immigration ou issues de l'immigration ou ceux sur l'islam ne sont pas sans rappeler d'autres thématiques de l'époque coloniale.

sociale et aussi résultat pour certains d'un contournement de ces déterminations) mais comme trace d'une « culture » ou d'une tradition, comme « échec » ou processus inachevé d'une intégration, comme indicateur d'une « volonté » ou d'un « refus » d'intégration, etc. Ce pouvoir de nomination a également comme conséquence d'imposer au dominé une posture réactive face à la façon dont il est nommé, un enfermement dans le stigmate qui peut être intériorisé.

Les lignes précédentes auront permis au lecteur de saisir que la réalité sociale est socialement et politiquement produite et plus précisément que les distinctions en termes de « culture », de « différence culturelle », d' « identité » sont socialement construites. Cela ne signifie pas qu'il n'existe pas réellement de « cultures » différentes ou de différences culturelles. Cela ne signifie pas non plus que les questionnements, les ambiguïtés et les paradoxes identitaires n'existent pas et ne suscitent pas des comportements de « repli », de tentation « régressive » ou d'enfermement « communautaire ». Ce que nous posons simplement ce sont deux dimensions essentielles ; la nécessité de s'interroger d'une part sur le sens de la détermination et du lien de causalité (l'inversion des causes et des conséquences est en effet un des mécanismes de la domination), d'autre part sur la transformation en distinction socialement pertinente de différences culturelles qui en elles-mêmes n'ont pas fondamentalement et essentiellement d'implications sociales de cet ordre. C'est ce que souligne Christine Delphy à propos de la différence des sexes :

« Il est évident que toute société établit des différences ; mais elle le fait à partir de sa pratique. On peut penser que la procréation est très importante pour la praxis humaine, et que de ce fait les sociétés humaines seraient enclines à différencier les gens pouvant porter des enfants des autres. Mais encore une fois, si la pratique invite à faire des différences, elle ne force pas à les faire ni d'une façon hiérarchique, ni d'une façon binaire. Les différences binaires sont suspectes par leur exhaustivité même, par le fait qu'elles englobent l'ensemble de la population. Ce n'est pas la même chose d'avoir une différence sexuelle qui serait – car ce n'est qu'une supposition– pensée partout sur le mode du deux et d'avoir, comme les Esquimaux, trente mots pour les différentes sortes de neige. Ces trente mots pour désigner la neige sont pour eux vitaux alors que nous n'en avons qu'un seul, parce que nous

n'avons pas la même praxis par rapport à la neige ; ce qui montre bien que c'est la praxis qui détermine le niveau cognitif »[48].

Il nous reste à interroger les effets de ces processus de nomination imposée, les conséquences de cette grille de lecture culturaliste tendanciellement hégémonique, de ces stigmates socialement produits. En posant un clivage binaire, les stigmatisations en lien avec la domination ont tendance à enfermer les sujets dans deux postures en apparence opposées, mais qui restent toutes deux au sein de la relation de domination.

Des traits marquants de la polémique sur le « foulard » ont été l'absence d'interrogation sur les causalités de cette pratique vestimentaire en augmentation, le refus de recontextualiser le fait social débattu dans son environnement historique, économique et idéologique, l'attribution d'une cause unique de nature « culturelle » et/ou « religieuse ». Nous sommes donc bien en présence d'un processus de stigmatisation. Or en ce domaine nous ne partons pas de rien. De nombreux travaux ont tenté de restituer les mécanismes et conséquences de la stigmatisation. Voici comment Goffman définit ce qu'il appelle des « stigmates tribaux » :

« *Dans tous les cas de stigmate (...) on retrouve les mêmes traits sociologiques : un individu qui aurait pu aisément se faire admettre dans le cercle des rapports sociaux ordinaires possède une caractéristique telle qu'elle peut s'imposer à l'attention de ceux d'entre nous qui le rencontrent, et nous détourner de lui, détruisant ainsi les droits qu'il a vis-à-vis de nous du fait de ses autres attributs* »[49].

Le stigmatisé a tendance ainsi à être exclu de l'humanité, c'est-à-dire à autoriser des comportements jugés impensables pour les relations entre semblables. C'est la raison pour laquelle nous avons parlé dans un précédent ouvrage de « racisme respectable ». Le processus de stigmatisation est ainsi producteur d'une frontière artificielle entre un « nous » et un « eux », productrice et reproductrice de discriminations. Du côté du stigmatisé ou du groupe stigmatisé, une des formes premières

---

[48] C. Delphy, « Fonder en théorie qu'il n'y a pas de hiérarchie des dominations et des luttes », in revue *Mouvements*, n° 35, septembre 2004, p.123.
[49] E. Goffman, *Les usages sociaux des handicaps*, Paris, Minuit, 1975, p.15.

de la révolte contre le stigmate est l'intériorisation et la revendication de ce stigmate.

Le fait social « port du foulard » peut aussi se lire comme résultat d'une stigmatisation durable d'une part, comme revendication publique de ce stigmate, d'autre part. La réponse en termes de loi est à son tour productrice d'une stigmatisation renforcée, c'est-à-dire d'une tendance à institutionnaliser le groupe en question comme n'étant identifiable qu'à ce seul attribut vestimentaire connoté de dangerosité.

Une seconde posture est celle de la distinction d'avec le groupe stigmatisé dans une stratégie de reconnaissance. Pour prendre la mesure de cette seconde posture, il convient, selon nous, de relier le débat sur le foulard avec d'autres discours de la période : lancement du mouvement Ni putes ni soumises et médiatisation importante de celui-ci, discours sur la « racaille des quartiers » de Malek Boutih, débat sur les quotas en matière de nouvelle immigration, c'est-à-dire sur le choix d'une « bonne » immigration, remises officielles de prix à des « Français venus de loin » constituant des « exemples de réussite », remise du rapport Bénisti posant comme une des causes de la délinquance le fait de parler l'arabe ou le berbère dans le foyer familial, etc. L'ensemble de ces discours dessine une opération (consciente ou non, peu importe) visant à imposer un choix entre deux figures, et deux seulement, celle du héros et celle du contre-héros (c'est-à-dire d'abord une figure repoussoir). Le héros ou l'héroïne de l'intégration sont ainsi mis en scène comme s'émancipant par rupture avec leur milieu, leur « culture », leur « tradition », leurs « parents » pour le mieux, et dénonçant ces derniers comme symbole de l'arriération, de la violence, du machisme et de l'oppression pour le pire. L'injonction de déloyauté est au cœur de cette mise en scène d'un héros ou d'une héroïne de l'intégration.

L'aspect problématique ne porte pas sur l'existence de constats réels (en termes de contradictions familiales, de souffrances vécues, d'oppressions, etc.), mais d'une part sur leur généralisation à l'ensemble des situations familiales, sur leur mise en scène médiatique d'autre part, et sur l'imposition d'un modèle unique légitime pour sortir de ces contradictions en troisième lieu. Généralisation, médiatisation et imposition d'une solution unique nous font entrer dans un processus idéologique lourd de conséquences. Comme le souligne Abdelmalek

Sayad, nous sommes en présence d'une tentative de réaliser une « opération de chirurgie sociale » :

> « *Il est le fait d'un changement social qui résulterait d'une véritable opération de chirurgie sociale et d'une expérience de laboratoire. Aussi comprend-on l'intérêt objectif – un intérêt qui s'ignore comme tel – qu'on a à distendre au maximum la relation entre, d'une part, des parents immigrés, c'est-à-dire hommes d'un autre temps, d'un autre âge, d'un autre lieu, d'une autre histoire, d'une autre culture, d'une autre morale, d'une autre extraction, d'un autre monde et d'une autre vision du monde, et, d'autre part, les « enfants de parents immigrés » qui seraient alors, selon une représentation commode, sans passé, sans mémoire, sans histoire (si ce n'est celle qu'ils actualisent à travers leur seule personne), etc., et par là même vierges de tout, facilement modelables, acquis d'avance à toutes les entreprises assimilationnistes, même les plus éculées, les plus archaïques, les plus rétrogrades ou, dans le meilleur des cas, les mieux intentionnées, mues par une espèce de « chauvinisme de l'universel »* »[50].

La condition de possibilité d'une telle opération idéologique est la présentation du processus comme se limitant aux interactions entre deux acteurs et deux seuls : les parents et les enfants. Le troisième acteur, essentiel pourtant, constitué par la société française et ses rapports de domination, est entièrement évacué. C'est pourtant la place assignée aux parents qui explique une part importante de leurs comportements ; c'est également celle assignée aux enfants qui détermine une part tout aussi importante de leurs réactions. Les héros et héroïnes de l'intégration qui se prêtent au jeu de la médiatisation soit ont intériorisé cette évacuation des conditions sociales déterminantes, soit instrumentalisent le processus en tenant le discours attendu dans l'espoir d'en retirer des bénéfices matériels leur permettant de sortir de leur condition[51] (en passant, au prix d'un éventuel prix psychosocial qu'ils n'anticipent pas, comme potentiellement destructeur de leur propre « image sociale de soi »).

---

[50] A. Sayad, *Le mode de génération des générations immigrées*, op.cit, p.14.
[51] Il suffit d'entendre en privé, c'est-à-dire en dehors de la scène publique et médiatique, certains de ces héros et héroïnes pour prendre la mesure de cette instrumentalisation du discours convenu. Ces aveux d'une instrumentalisation sont encore plus fort après coup c'est-à-dire lorsque des ruptures (sortie de SOS Racisme, démission d'un parti, etc.) ou des déceptions ont été réalisées (non-présence sur une liste en position éligible par exemple).

C'est pourquoi l'essentiel n'est pas ici la « volonté » ou « l'éthique » des personnes mais le cadre social qui impose un choix binaire et pour les « héros de l'intégration » qui exige la mise en scène d'une « haine de soi ». Nous retrouvons ici une autre analogie avec le système colonial qui lui aussi imposait une injonction de choix binaire dont une des alternatives était la « haine de soi » :

« Pour se libérer, du moins le croit-il, il accepte de se détruire. Le phénomène est comparable à la négrophobie du nègre, ou à l'antisémitisme du juif. Des négresses se désespèrent à se défriser les cheveux, qui refrisent toujours, et se torturent la peau pour se blanchir un peu. (...). On a déclaré au colonisé que sa musique, c'est des miaulements de chat ; sa peinture du sirop de sucre. Il répète que sa musique est vulgaire et sa peinture écœurante. Et si cette musique le remue tout de même (...), c'est malgré sa volonté. Il s'en indigne contre lui-même, s'en cache aux yeux des étrangers, ou affirme des répugnances si fortes qu'elles en sont comiques. De même que beaucoup de gens évitent de promener leur parenté pauvre, le colonisé en mal d'assimilation cache son passé, ses traditions, toutes ses racines enfin, devenues infamantes »[52].

※

Le paradigme culturaliste prend en France la forme dominante de l'intégrationnisme. Le discours sur l'intégration et désormais le terme lui-même visent à imposer et à légitimer une distinction entre un « nous » et un « eux », entre des intégrables, des inintégrables et des intégrés d'une part et une société française intégratrice, d'autre part. La non-intégration sociale est présentée comme résultat de caractéristiques « culturelles » et non comme production d'un système social. Ce dernier est éliminé de l'analyse. Il ne reste que deux acteurs : le « nous » et le « eux ». Les relations sociales productrices des uns et des autres sont évacuées. Les réactions des dominés aux stigmatisations nécessaires à ce type d'intégration, les révoltes face aux places sociales assignées, les réactions face à cette violence symbolique, etc., peuvent alors être de nouveau interprétées de manière culturaliste : ces réactions également sont analysées comme « essence », « substance », « différence culturelle », « traditions », etc.

---

[52] A. Memmi, *Portrait du colonisé-Portrait du colonisateur*, op. cit., pp.137-138.

La lutte contre les discriminations racistes suppose une lecture sociale de la réalité inégalitaire. Elle ne peut se déployer que si ces discriminations sont perçues pour ce qu'elles sont : des productions de notre système social. Pour ce faire, une rupture est nécessaire avec le mode antérieur de pensée : celui de l'intégration et de l'intégrationnisme. Ce dernier pose un souhaitable en terme d'adaptation des individus perçus comme membres de « communautés » essentialisées. La lutte contre les discriminations racistes nécessite pour se déployer de saisir les processus sociaux de production de la différence dite « culturelle », des communautés d'une part et des traitements inégalitaires qu'ils permettent ensuite de légitimer d'autre part.

« Le racisme fut une caractéristique persistante et débilitante du mouvement ouvrier américain ».

Arnold Rose, *The Negro in America.*

Chapitre 3 : La grille de lecture ouvriériste

Introduction

Le second paradigme en ordre d'importance s'affrontant sur la scène sociale, à propos de l'immigration et des populations qui en sont issues, est le paradigme que nous avons dénommé « ouvriériste ». À bien des égards, il s'oppose au culturalisme et à sa forme intégrationniste et contribue ainsi à démasquer les processus de domination. En recherchant des causalités sociales, il aide à déconstruire les discours de légitimation qui permettent la reproduction de ces dominations.

Cette critique du culturalisme se réalise cependant en réactivité à lui, en inversant les logiques, en retournant l'ordre des arguments. Thèse et antithèse, ces deux paradigmes se répondent l'un l'autre. Là où l'un pose des « différences culturelles » intangibles, l'autre tend à nier l'existence même de différences (dans les versions les plus dures de ce paradigme, cette négation touche non seulement les différences culturelles, mais également sociales, économiques, politiques). Là où l'un homogénéise un « nous » et un « eux » sur une base culturelle, l'autre homogénéise un « nous » et un « eux » sur une base sociale. Dans les deux cas les contradictions sont évacuées ou reléguées à une place secondaire, voire marginale. Il n'y a en définitive pas de place dans le paradigme social pour la prise en compte des discriminations racistes. Elles sont à l'extrême niées par l'affirmation qu'il n'existe que l'exploitation économique et/ou « l'exclusion » touchant au même titre tous les travailleurs issus ou non de l'immigration ou tous les « exclus ».

Ce paradigme est fondé sur une approche « essentialiste » de la classe ouvrière et des milieux populaires rendant invisible la construction historique et systémique d'une hiérarchisation des oppressions et des exploitations. La crainte de la division des dominés conduit par ce processus à nier les discriminations racistes et/ou à les relativiser et/ou à les ramener à quelques déviations racistes isolées. Sous prétexte d'avoir une « cible principale » et de viser l'« ennemi principal »[53], ce mode d'approche conduit à désarmer la lutte contre les discriminations, voire à la combattre au prétexte qu'elle porterait des dangers pour l'unité.

Une approche essentialiste

Le paradigme ouvriériste est basé sur une division binaire absolutisée : les dominants et les dominés, la bourgeoisie et la classe ouvrière, les milieux populaires et les autres milieux sociaux. Les deux pôles sont ainsi homogénéisés par négation des différences, clivages et contradiction en leur sein. Cette perception essentialiste des milieux populaires et de la classe ouvrière se déploie dans deux variantes fréquentes. La première forme est centrée autour des concepts de classe ouvrière et de milieux populaires. La seconde se construit autour du concept d'exclusion. Dans les deux cas, un processus de globalisation est mis en œuvre : la classe ouvrière pour les uns et les exclus pour les autres sont considérés comme des catégories homogènes. Les membres des groupes sociaux ainsi désignés auraient les mêmes places sociales, les mêmes champs des possibles, les mêmes difficultés, les mêmes intérêts, les mêmes revendications, etc. L'unité de ces catégories est postulée comme évidente et ne pouvant être entravée que par des facteurs idéologiques. Il n'y aurait ainsi aucune base matérielle à la division des ouvriers, du populaire et/ou des exclus, aucune oppression et exploitation spécifiques pouvant caractériser tel ou tel de ses segments.

Le même raisonnement est en œuvre que l'on parle de « peuple » ou de « classe ouvrière » en ce qui concerne notre sujet. L'utilisation plus fréquente de tel ou tel vocable souligne simplement des ancrages politiques plus ou moins différents. Ce paradigme pose des postulats de départ : unité, homogénéité, identité des intérêts à long terme et à court terme, etc. La classe ouvrière tend à être perçue comme groupe organique défini uniquement par la structure du travail industriel. Le mythe du citoyen abstrait de l'idéologie bourgeoise est simplement remplacé par un autre mythe : celui du prolétaire abstrait. La même substantialisation est en œuvre. Elle est simplement transférée de la nation à la classe. De la

---

[53] Nous reprenons ici le titre du livre de Christine Delphy à propos des luttes pour l'égalité entre les sexes : *L'ennemi principal, économie politique du patriarcat*, Syllepse, Paris, 1998.

même façon dont la substantialisation de la nation aboutissait à occulter les contradictions entre classes, la substantialisation de la classe aboutit à nier les contradictions au sein de la classe.

Ce type d'approche fréquente à gauche et à l'extrême gauche a une source historique liée aux clivages et conflits politiques en leur sein. La mise en avant de la diversité interne et des contradictions de la classe ouvrière a pendant longtemps servi à nier l'existence des classes sociales et de la lutte des classes. En réponse fut affirmée simplement l'antithèse, c'est-à-dire la négation des contradictions internes ou leur renvoi dans le secondaire, le non-essentiel, ou le non-fondamental. Voici par exemple la réponse de Jaurès à ce type de thèse :

« *La tendance de Bernstein n'est pas seulement de conseiller une coopération accidentelle ou même fréquente de la classe prolétarienne avec les autres classes, du parti socialiste avec les autres partis, il va jusqu'à fondre peu à peu, par une dégradation insensible et d'autant plus dangereuse, la classe prolétarienne dans les autres classes, le parti socialiste dans les autres. Son moyen de justifier cette fusion, c'est de constater qu'on ne peut dresser une classe bourgeoise homogène en face d'une classe prolétarienne homogène ; (...) Eh bien, il se trompe, car, quelles que soient les diversités internes de chacune de ces classes, la ligne générale de démarcation subsiste entre l'ensemble du prolétariat qui ne détient pas les moyens de production et l'ensemble de la classe capitaliste qui les détient* »[54].

Il n'y a rien d'erroné, selon nous, dans les propos de Jaurès à condition de clarifier le niveau de la réalité dont on parle. À un premier niveau d'abstraction, la structure sociale peut s'analyser à partir du critère de la « propriété des moyens de production ». Se dégage alors un antagonisme entre deux blocs sociaux aux intérêts stratégiques contradictoires. À un autre niveau d'analyse (celui de la réalité immédiate), chacun de ces blocs sociaux se fragmente et est parcouru de contradictions. La prise en compte de ces contradictions est essentielle

---

[54] J. Jaurès, *Bernstein et l'évolution de la méthode socialiste*. Conférence donnée le 10 février 1910, sous les auspices du Groupe des étudiants collectivistes de Paris, à l'hôtel des Sociétés savantes sous la présidence du citoyen Jean Allemane, parue initialement dans la revue *Mouvement Socialiste* des 1er et 15 mars 1900 puis dans *Études Socialistes* II, Paris, Edition Paul Ollendorff, 1902, p.127.

pour déterminer l'ordre des revendications, les formes d'organisations, les priorités, etc. Ces contradictions ne sont, en effet, pas simplement idéologiques. Elles ont une base matérielle créatrice de clivages réels. Le dépassement de ces clivages suppose leur prise en compte. Les nier ne les fait pas disparaître.

Sans viser à l'exhaustivité, quatre éléments de clivages peuvent être dégagés dans le contexte sociopolitique actuel, en partie différent de celui de Jaurès ou d'autres. Le premier concerne l'axe précarité/stabilité de l'emploi. Il segmente le monde du travail en salariés stables et salariés précaires avec une multitude de nuances intermédiaires constituant des paliers de précarisation. Que l'on soit titulaire de la fonction publique, salarié en CDI et à temps plein, salarié en CDD, à temps partiel, en intérim ou dans les différentes formules des emplois aidés, etc., n'est pas indifférent sur la manière de percevoir la réalité, sur les priorités, sur le rapport aux organisations et aux luttes sociales, etc. L'utilisation par la classe dominante de ces clivages pour pousser l'ensemble du monde du travail vers plus de précarité ne signifie pas que ces clivages soient secondaires. Force est de constater que, pour cet axe, les populations issues de l'immigration postcoloniale sont caractérisées par un taux de précarisation plus élevé que la moyenne[55].

Le second axe concerne les garanties sociales et acquis sociaux. Ici aussi sans être exhaustif une multitude de facteurs peuvent être énoncés : un droit du travail dépendant de la taille de l'entreprise ou du nombre d'heures travaillées ; des clauses d'ancienneté dans les conventions collectives défavorisant les jeunes et surtout offrant aux travailleurs précaires une garantie inférieure à la moyenne de l'entreprise ou de la

---

[55] Pour n'en donner que deux dimensions : les femmes immigrées sont plus encore que l'ensemble des femmes contraintes à un travail à temps partiel. Ainsi selon les chiffres de l'INSEE 2007 : quelle que soit la catégorie socioprofessionnelle, les femmes immigrées sont plus fréquemment employées à temps partiel que les autres actives (34 % contre 28 %), les ouvrières étant encore plus concernées (37 % des immigrées sont à temps partiel contre 27 % pour les autres). Deuxièmement, selon les données du RGP 1999 de l'INSEE, la proportion d'emplois précaires (intérimaires, emplois aidés, CDD) parmi les hommes et les femmes immigrés et leurs descendants est toujours supérieure à celle de la population des hommes et des femmes nés en France de deux parents nés en France : respectivement de 8 à 17% pour les hommes immigrés et de 7 à 12% pour les hommes issus de l'immigration selon les différentes origines des anciens pays colonisés, et de 8 à 17% pour les femmes immigrées et de 6 à 15% pour les femmes issues de l'immigration, selon les mêmes critères d'origine géographique.

branche ; l'externalisation des activités par l'appel à des sociétés de services (nettoyage, gardiennage, entretien, restauration, transport, etc.) offrant des garanties sociales inférieures à celles de l'entreprise (rémunérations, conditions de travail, sécurités, etc.). Ici aussi constatons que les populations issues de l'immigration sont surreprésentées dans ce type de secteurs sans garantie et dans ce type d'emplois atypiques.

Le troisième axe touche au montant du salaire pour un même niveau de qualification. Dans une même entreprise à un instant T peuvent voisiner des salariés aux mêmes niveaux de qualifications et parfois aux mêmes emplois mais avec des salaires inégaux du fait de statuts juridiques différents. L'intérim et la sous-traitance ont justement pour objectif d'exporter certains salariés en dehors de la convention collective. Les conséquences pour ces salariés sont importantes (indemnités de déplacement moins avantageuses, baisse ou suppression des primes de paniers, disparition du treizième mois, etc.). Le maintien des salaires du fait des conventions collectives pour une partie des salariés a pour contrepartie une baisse de ceux-ci pour une autre partie renvoyée vers l'intérim ou la sous-traitance. Force ici, aussi, est de faire le même constat que précédemment.

Un dernier axe est constitué par la syndicalisation. Celle-ci est considérablement plus forte dans la fonction publique, les entreprises nationalisées et les grandes entreprises privées. Ce sont ainsi les travailleurs les plus stables, les mieux protégés socialement et les mieux rémunérés qui sont le plus syndiqués. Or justement les populations issues de l'immigration sont concentrées préférentiellement dans les petites et moyennes entreprises[56].

---

[56] On sait ainsi par exemple que les personnes françaises issues de l'immigration (dont l'un au moins des parents est immigré) sont sous-représentées parmi les personnels de la fonction publique. Ainsi les personnes de moins de 35 ans dont les parents sont originaires du Maghreb sont environ 1,5 fois moins représentées parmi les personnels non qualifiés de la fonction publique que parmi les mêmes catégories d'emplois hors fonction publique (d'Etat et territoriale). D'après le rapport d'étude commanditée par le ministère de la Fonction publique et de la Réforme de l'État : D. Fougère et J. Pouget *L'emploi public s'est-il diversifié ? Sexe, niveau d'étude, origine sociale et origine nationale des salariés de la fonction publique et des collectivités territoriales*, Paris, Documentation Française, décembre 2004, p.43.

Ces axes de différenciation ne sont pas séparés les uns des autres. Ils se cumulent et s'entretiennent l'un l'autre pour faire système. Ils tendent à s'appliquer plus particulièrement à des groupes sociaux en fonction des critères d'âge, de sexe, de nationalité ou d'origine. Ils produisent ainsi une « segmentation » de la classe ouvrière et du marché du travail, c'est-à-dire la production de sous-groupes relativement et tendanciellement homogènes au regard des conditions concrètes. Cette segmentation de la classe ouvrière n'est pas nouvelle. Elle est produite par le fonctionnement même du système économique et se développe en fonction des rapports de forces et des résistances que lui oppose le monde du travail.

Dire que la segmentation n'est pas nouvelle ne signifie pas qu'elle ne se transforme pas. La crise n'a pas seulement des effets sur la classe ouvrière mais aussi des effets au sein de celle-ci. En accroissant la « concurrence pour les biens rares » (et en premier lieu la concurrence pour l'emploi et le type d'emploi), elle a des effets sur la segmentation du monde du travail. Produite par le système économique, cette segmentation n'en a pas moins des effets réels sur les conditions d'existence des différents groupes ainsi constitués et en conséquence sur leur rapport au monde. Ce qui apparaît comme essentiel aux uns apparaît comme non prioritaire aux autres, en fonction de ces conditions d'existence.

Il y a donc, selon nous, une production de groupes réels au sein du monde du travail par le fonctionnement même du système économique. Cette production ne saurait cependant pas perdurer sans légitimation idéologique. Pour que ce processus puisse s'inscrire dans la durée et la reproduction, il convient de faire apparaître comme juste et naturel ce qui est avant tout une production sociale. Pour réaliser ce projet, seront mobilisés des imaginaires soit hérités du passé, soit produits de manière contemporaine, soit articulant les deux, c'est-à-dire issus du passé mais revivifiés et réactualisés : imaginaires sexiste, adultocentrique, colonial, esclavagiste, raciste, etc.

La seconde version du paradigme ouvriériste à l'endroit des milieux populaires est construite autour du concept d'exclusion. Même si le paradigme de l'exclusion trouve ses racines dans des travaux sur les catégories les plus marginales de la société des Trente glorieuses[57], c'est Alain Touraine qui en a fourni l'argumentaire théorique de base, qui sera repris et décliné de multiples manières par la suite. En partant du constat juste d'une segmentation des milieux populaires, il conclut à une modification du système social lui-même. Celui-ci ne se caractériserait plus par une coupure entre dominant et dominé mais par une scission entre des personnes incluses dans le système et des personnes exclues du système.

Si on reprend cependant un court historique de l'évolution de cette notion, on comprend comment s'opère l'apparition de ce paradigme présenté comme invalidant les analyses en termes de classes sociales. La notion d'exclusion concerne dans un premier temps les « exclus de la croissance » pendant l'ère des « Trente glorieuses ». Cette population est décrite comme marginale à un double niveau, quantitativement d'abord dans la mesure où le besoin de main-d'œuvre limite à une minorité des milieux populaires lesdits « exclus », en termes de causalité ensuite dans la mesure où l'« exclusion » est pensée à partir de l'hypothèse des « tares et déficiences » individuelles et/ou de « l'imprévoyance et de l'irresponsabilité des exclus ». Cette attribution causale conduit à une extension du concept. Il désigne désormais les familles et les personnes marquées par un besoin d'aides sociales à l'enfance, alcooliques, droguées, délinquantes, marginales, immigrées, etc. Lenoir écrit ainsi qu' « *aucune famille, aussi bourgeoise soit-elle et quelles que soient ses traditions religieuses ou laïques, ne peut se vanter qu'un de ses enfants ne sera pas un jour un fugueur, un drogué, un jeune délinquant ou révolté* »[58]. Le concept d'exclusion est très vite dénoncé par certains comme étant avant tout un concept idéologique et surtout une notion aux contours catégoriels mal définis (par la disparité des catégories de population qu'il amalgame)[59].

La massification du chômage, du fait des restructurations des années 70, réarticule le concept à la question du travail. L'exclusion tend à

---

[57] La notion semble proposée en premier lieu dans un ouvrage de Pierre Massé (P. Massé, *Les dividendes du progrès*, Paris, Le Seuil, 1969), repris ensuite plus explicitement par R. Lenoir (R. Lenoir, *Les exclus, un Français sur dix*, Paris, Seuil, 1974).
[58] R. Lenoir, *ibid.*, p.36.
[59] En particulier par Jeanine Verdes-Leroux, « Les exclus », in *Actes de la recherche en sciences sociales*, n°19, 1978, pp.61-65.

devenir une hypothèse de plus en plus présente, appuyant la remise en cause d'une analyse en termes de classes sociales. Au clivage de classes présenté comme dépassé se serait substitué un clivage entre des « inclus » et des « exclus ». Le paradigme de l'exclusion peut donc être analysé comme une machine idéologique de destruction du paradigme classiste et classique de l'analyse marxiste du capitalisme.

Or d'une part ce que montre le développement quantitatif de ce que Marx appelait déjà des « surnuméraires », ce n'est pas la fin du clivage de classes mais son approfondissement par complexification. La conclusion que nous pouvons en tirer n'est pas l'obsolescence des concepts de « classe sociale », de « dominé et de dominant », etc., mais la nécessité de rompre avec toute tentation essentialiste dans l'analyse de la classe ouvrière et des milieux populaires. La prise en compte de ce qui divise objectivement est nécessaire pour produire une unité sur le plan des subjectivités. C'est ce que nous proposons partiellement de faire dans cet ouvrage.

D'autre part, c'est le même système social et économique qui produit les uns et les autres. Autrement dit personne n'est exclu du système au sens propre du terme. Simplement chacun (individus et groupes sociaux) y est inséré à une place précise différente en termes de degré de domination et de conditions d'existence.

Enfin, la substantialisation du monde du travail est en apparence remise en cause par les analyses en termes d'exclusion du fait de la prise en compte de sa segmentation. Cependant elle est simplement remplacée par une scission en deux catégories, elles-mêmes substantialisées. Les « inclus » et les « exclus » ont tendance à être homogénéisés occultant ainsi les clivages et contradictions existant dans chacune des deux catégories. Cette homogénéisation des « exclus » et des « inclus » rend impossible la compréhension des inégalités de traitement au sein de chacune de ces deux catégories.

Une approche anhistorique et idéaliste[60]

L'approche ouvriériste est également idéaliste dans la mesure où elle ne recherche pas dans le réel social, dans les intérêts matériels la compréhension des classes et groupes sociaux, de leurs facteurs donneurs d'homogénéité et d'hétérogénéité. Au mieux elle peut percevoir les clivages dans la classe ouvrière et les milieux populaires comme résultant des manœuvres idéologiques de la classe dominante et/ou comme la conséquence des idées racistes qui apparaissent alors comme une malédiction héritée et non comme une production sociale. Elle conduit à poser l'aversion comme motif principal du racisme alors que cet aspect n'est qu'une conséquence. Elle est aveugle ainsi au motif réellement principal : la domination et l'exploitation, c'est-à-dire l'instance matérielle (accès à l'emploi, au logement, etc.). Nous retrouvons ici le glissement que souligne Frantz Fanon d'un « *racisme conséquence* » permettant de penser le système de domination à un « *racisme cause* » renvoyant au combat contre une malédiction abstraite, sans cause, héritée de la « nature de l'homme ».

En fait le raisonnement ouvriériste reproduit les méthodes de l'idéologie de la classe dominante qu'il prétend combattre. Celle-ci a eu besoin pour justifier son pouvoir de produire un « roman national »[61] niant la division en classes sociales de la nation pour l'homogénéiser, confondant concept et réalité, niant la dissonance permanente et structurelle entre la théorie de la norme (l'égalité entre citoyens) et la pratique effective. L'approche ouvriériste produit un « roman ouvrier » niant les segments ouvriers, confondant unité ouvrière (qui se construit par des combats sociaux et par la prise en compte du monde ouvrier tel qu'il est, et non tel qu'on voudrait qu'il soit) et homogénéité ouvrière conduisant à nier et/ou sous-estimer les segments les plus exploités du monde du travail. Arrêtons-nous brièvement sur cette confusion entre

---

[60] Nous utilisons le terme « idéaliste » dans son sens philosophique. Il désigne ici en conséquence les raisonnements qui considèrent que les idées précèdent la matière et même engendrent celle-ci. Ces raisonnements sont fréquents dans le champ de la lutte contre les discriminations. Ainsi entend-on fréquemment que les discriminations sont une affaire de mentalité qu'il faut changer et non une production du fonctionnement matériel de notre société.
[61] S. Bouamama, *La France. Autopsie d'un mythe national*, Paris, Larousse, collection « Philosopher », 2008.

concept et réalité produite par l'idéologie dominante et reproduite par l'approche ouvriériste.

La Révolution française a été une rupture essentielle dans la manière de penser l'ordre social. Les penseurs de la Révolution et ensuite la sociologie se constituent en référence à cette rupture inauguratrice d'une mutation du lien social : le passage du groupe à l'individu, du communautaire au sociétaire, des ordres sociaux au contrat social, du sujet au citoyen. Pour penser cette mutation politique et cette transformation du lien social, des concepts ont été forgés et structurés de manière binaire :

*« La Révolution Française fonctionne donc à l'intérieur de l'histoire de la sociologie comme **mythe fondateur de la société libérale contractuelle**, repère absolu à partir duquel les déformations pourront être repérées et deviendront objet d'évaluations nostalgiques ou réformistes. Il y a le temps d'avant et le temps d'après ; et le lien social dans sa dualité communautaire/sociétaire est toujours pensé par référence à cette coupure généalogique. Il y a un ancien et un nouveau monde social, dans lequel le lien possède une réalité différente »*[62].

Il n'est pas question ici pour nous de discuter la pertinence de ce couple de concepts. Le lien social peut effectivement s'analyser dans tout groupe humain à partir du double axe communautaire/sociétaire pour reprendre les termes de Tönnies[63]. Nous voulons juste rappeler qu'il s'agit de concepts pour penser le réel et non de la réalité sociale elle-même, d'idéaux types utiles à la compréhension du monde social et non de celui-ci. Il n'existe dans les faits aucune association humaine entièrement communautaire ou entièrement sociétaire. Il existe ainsi du contrat au sein des « communautés réelles » et une association fondée sur le contrat porte des dimensions communautaires.

Il convient en outre pour cet objet comme pour tous les autres d'introduire l'histoire. Des regroupements dits « communautaires » connaissent une dynamique historique les conduisant à se contractualiser.

---

[62] F. Farrugia, *La crise du lien social, Essai de sociologie critique*, Paris, l'Harmattan, 1993, p.71.
[63] F. Tönnies, *Communauté et société*, (1887), Paris, 1977, Les classiques des sciences humaines, RETZ, La bibliothèque du CEPL.

A l'inverse des regroupements contractuels peuvent s'orienter vers des conceptions organicistes du lien social. En particulier en France, le contexte de colonisation sur plusieurs siècles a, selon nous, produit ce que A. Sayad appelle un « *chauvinisme de l'universel* » c'est-à-dire introduit des éléments organicistes et ethnicistes dans la manière de se définir soi-même, de définir les autres et de définir en conséquence les relations entre soi et les autres. La réification conduit ici à l'aveuglement sur le « communautarisme du majoritaire » et à une tendance à l'exagération du « communautarisme des minoritaires ».

Cet exemple de confusion entre concept et réalité n'est pas isolé. De nombreux autres ont existé et existent encore aujourd'hui : confusion entre l'idée d'une France comme « patrie de la Déclaration des droits de l'homme » et celle d'une « France patrie des droits de l'homme » c'est-à-dire confusion entre la règle annoncée et la réalité sociale et matérielle effective ; confusion entre l'interdiction formelle dans les textes constitutionnels de la discrimination raciste et leur existence massive dans notre fonctionnement social, etc. Le nominalisme fonctionne ici à plein rendement. Le mouvement ouvrier aurait dû être préservé de cette approche nominaliste, lui qui s'est construit sur la dénonciation du décalage entre droits formels et droits réels. Force est de constater que la rupture avec cette approche, si rupture il y a, n'est que partielle.

La confusion entre concept et réalité reproduite par l'approche ouvriériste conduit ainsi à considérer que la classe ouvrière serait naturellement préservée du racisme. De la même façon, rappelons-le, la colonisation s'est aussi argumentée de l'affirmation d'une incompatibilité de principe entre l'arbitraire colonial et l'universalisme républicain.

Ce qui est oublié dans cette affirmation, c'est que chaque classe sociale a une histoire qui ne peut pas ne pas être marquée par le système d'interactions avec les autres classes, c'est-à-dire par l'histoire nationale. Il convient en conséquence de réintroduire l'histoire pour saisir la situation présente. Sans être exhaustif, au moins quatre dimensions historiques marquent structurellement la classe ouvrière : la chute de la natalité, le rythme lent de l'exode rural, la radicalité des luttes sociales et l'histoire coloniale dans ses impacts sur la société française.

Concernant le premier aspect, posons d'abord quelques données statistiques. La France des XVIIème et XVIIIème siècles est un pays d'émigration. De fortes communautés françaises se constituent dans les autres pays européens : les papetiers dans toute l'Europe, les toiliers en Irlande, les travailleurs flamands en Prusse, etc.[64]. Il faudra l'action de deux facteurs pour que la tendance s'inverse. Le premier facteur est la chute précoce de la natalité : « *La chute de la natalité est précoce en France, au point que la population de l'Angleterre, inférieure de moitié à celle de la France en 1800 la rejoint en 1900* »[65]. Ainsi le taux de natalité passe de 31,7 ‰ (pour mille) à 22 ‰ entre 1800 et 1900 alors qu'en Angleterre il passe de 34 à 29,9 ‰. Le taux de mortalité pour sa part passe de 26,3 ‰ à 23 ‰ alors qu'en Angleterre il passe de 23,1 ‰ à 22 ‰ pour la même période. L'accroissement démographique naturel n'est pas suffisant pour assurer le besoin en main-d'œuvre de la nouvelle industrialisation.

Le second facteur, la lenteur de l'exode rural, est également éclairant : la population occupée dans l'agriculture représente 75 % de la population active en 1801 alors qu'à la même date pour l'Angleterre elle ne représente que 35,9 %. Il faudra attendre 1931 pour que la France atteigne ce niveau anglais de 1801. L'origine de cette lenteur de l'exode rural est, selon nous, à rechercher dans les rapports de forces sociaux de la Révolution française. Si celle-ci n'a pas opéré de transfert massif de propriété, la vente des biens nationaux ayant surtout profité à la bourgeoisie, elle a néanmoins supprimé les droits féodaux et en particulier a permis à la petite paysannerie de récupérer les droits d'usage des landes, forêts et pâtures communales. Ce faisant une multitude de petites exploitations a été préservée de la ruine. La destruction de l'agriculture traditionnelle n'a donc pas été suffisante pour assurer le besoin en main-d'œuvre de la nouvelle industrie. Chute de natalité et lenteur de l'exode rural expliquent le caractère structurel de la composante immigrée dans le processus de constitution de la classe ouvrière française.

Concernant le troisième facteur, la radicalité des luttes sociales, une simple énumération suffira à en montrer l'ampleur : révolution antiféodale la plus radicale d'Europe, les trois glorieuses de 1830,

---

[64] Cf. sur cet aspect F. Braudel et E. Labrousse, *Histoire économique et sociale de la France*, Paris, PUF, 1977, tome 2.
[65] C. Mercier, *Les déracinés du capital- immigration et accumulation,* Lyon, Presses Universitaires de Lyon, 1977, pp.152-153.

l'insurrection de juin 1831, les émeutes d'avril 1834, la révolution de février 1848, la guerre civile de juin 1848, la commune de Paris en 1871. La question sociale hante la classe dominante. La réponse se construira progressivement par un double processus : la colonisation et la « nationalisation de la classe ouvrière ». La peur de « la sociale » suscite une multitude d'écrits proposant des réformes pour éviter la révolution. Elle conduit également à des appels à accélérer la colonisation de l'Algérie pour obtenir la « paix intérieure ». Un Ernest Renan résume à merveille cette logique en écrivant en 1871 : « *Une nation qui ne colonise pas est vouée au socialisme* »[66]. La construction de la nationalité comme frontière au sein du monde ouvrier d'une part et la colonisation d'autre part répondent ainsi au même objectif.

Il n'y a pas besoin de rechercher ici un plan machiavélique de la classe dominante. C'est dans le processus de renouvellement de la classe ouvrière par l'immigration qu'il faut rechercher les origines de cette « nationalisation ». Il suffit ainsi de répondre aux exigences ouvrières de stabilité, de meilleure rémunération et d'allégement des conditions de travail par une organisation segmentée du marché du travail dans laquelle le dernier arrivé se retrouve au plus bas de l'échelle sociale pour que se mette en place une organisation pyramidale du monde du travail. Voici comment en parle René Galissot :

« *Les classes ouvrières ont été stabilisées progressivement par le fait que l'émigration d'Europe vers l'outre-mer a soulagé la paupérisation du continent européen. Cela a permis une véritable intégration des classes ouvrières dans l'état national. Il existe une hiérarchie dans cette formation des classes ouvrières. À la base, le renouvellement se fait par des migrations d'individus étrangers ou coloniaux. Ensuite on trouve l'étagement de la qualification professionnelle, puis les garanties de statut dans les fonctions des collectivités, les grandes corporations publiques étatisées et, bien sûr, le « paradis professionnel », celui des fonctionnaires. Cette structuration de la classe ouvrière constitue d'une certaine façon le mouvement ouvrier. Celui-ci va ensuite être entraîné dans des défenses corporatives et va avoir parfois du mal à accepter de*

---

[66] E. Renan, *La réforme intellectuelle et morale de la France*, œuvres complètes, Paris, Calmann-Lévy, 1947, p.390.

ne pas faire de la défense de l'« intérêt national » : demande de quotas au nom des acquis sociaux, etc. »[67].

R. Galissot souligne à juste titre que ce processus a touché l'ensemble des pays européens et l'ensemble des immigrations qu'elles soient d'origine européenne ou coloniale. Je partage ce point de vue en lui apportant deux nuances et/ou précisions. La première est que le constat de processus similaires ne signifie pas que l'ampleur de la « nationalisation » soit la même. En particulier la force du mouvement ouvrier va paradoxalement approfondir et accélérer le processus de nationalisation. La seconde est liée à la spécificité du racisme colonial qui aboutit par son imprégnation dans les « mentalités » collectives à neutraliser les frontières de la durée et de la nationalité. Nous l'avons souligné, les immigrations antérieures non coloniales ont, certes, subi des inégalités, des traitements xénophobes et des discriminations mais ces dernières ont eu tendance à diminuer dans le temps et par l'accession à la nationalité française. Tel n'est pas le cas pour les immigrations coloniale et postcoloniale, pour lesquelles le stigmate xénophobe se reproduit de manière transgénérationnelle, c'est-à-dire indépendamment de la durée de présence et d'enracinement d'une part et de la nationalité d'autre part.

La démarche comparative entre les immigrations européennes et l'immigration coloniale puis postcoloniale est fréquente dans la logique ouvriériste. Elle est généralement mobilisée pour attester d'une invariance que l'on peut résumer de la manière suivante : « Les immigrés du passé ont eu aussi à souffrir du racisme issu de la méconnaissance de l'autre et entretenu par les capitalistes. Le vécu commun de l'exploitation et l'identité commune d'exploité ont permis de dépasser cette division et ont produit l'intégration ». Qu'il existe des invariants dans le traitement de l'immigration est une évidence. Hier comme aujourd'hui l'immigration remplit les mêmes fonctions économiques et a subi des stigmatisations et des discriminations. Mais ces invariants ne signifient pas qu'il n'y ait pas de différences importantes.

La négation des différences entre les immigrations au prétexte de rassurer et de consolider « l'unité » aboutit au résultat exactement

---

[67] R. Galissot, « Le mouvement ouvrier face aux travailleurs immigrés », in revue *Hommes et Migration* : « Immigration et marché du travail », n° 1263, septembre/octobre 2006, pp.102-103.

inverse. La reproduction transgénérationnelle des discriminations vécues conduit progressivement à imputer aux premiers concernés, à leur culture, à leur religion, etc., la responsabilité de leur situation sociale marquée par l'inégalité et les discriminations. Le paradigme ouvriériste tend ainsi à conduire vers les mêmes conclusions que le paradigme culturaliste et donc à le renforcer. La magnification des processus d'enracinement des immigrations du passé, couplée à la négation des différences, conduit à enraciner dans le mouvement ouvrier la logique culturaliste.

La spécificité et l'importance du racisme colonial sont donc le quatrième facteur à prendre en compte dans l'histoire du mouvement ouvrier. Pour saisir cette spécificité du racisme colonial, il convient de prendre toute la mesure de l'impact de l'histoire coloniale dans la construction de l'identité française :

« L'engagement colonial n'a pas représenté un simple incident de parcours dans la construction de l'identité politique française : l'histoire de cette entreprise ne peut être évacuée en la présentant comme une histoire différente et séparée de celle de la France »[68].

Ici non plus il n'y a aucune spécificité absolue française. Des imprégnations profondes par la colonisation des inconscients collectifs, des imaginaires politiques et du mouvement ouvrier se retrouvent dans l'ensemble des pays colonisateurs. Si spécificité il y a, elle se trouve dans la négation de cet héritage et de cette imprégnation. En témoigne le développement des *postcolonial studies* depuis plusieurs décennies en Angleterre, par exemple, alors que dans notre pays l'accusation de « communautarisme » guette la moindre évocation de l'héritage colonial.

Nous n'insisterons pas sur la diversité, la durée, l'ampleur, etc., des mécanismes, outils, supports, etc., qui ont permis l'ancrage dans l'inconscient collectif (non seulement national mais également ouvrier) d'une image précise des immigrés colonial et postcolonial et de leurs enfants. D'autres auteurs ont réalisé de manière satisfaisante ce

---

[68] D. Costantini, *Mission civilisatrice. Le rôle de l'histoire coloniale dans la construction de l'identité politique française*, Paris, La Découverte, 2008, p.14.

dévoilement[69]. Soulignons juste, avec Marx, les conséquences de cette imagerie stéréotypée spécifique :

« *Tous les centres industriels et commerciaux anglais possèdent maintenant une classe ouvrière scindée divisée en deux camps hostiles : les prolétaires anglais et les prolétaires irlandais. Le travailleur anglais moyen hait le travailleur irlandais, parce qu'il voit en lui un concurrent responsable de la baisse de son niveau de vie. Il se sent, face à ce dernier, membre de la nation dominante, il se fait par là l'instrument de ses propres capitalistes et aristocrates contre l'Irlande et consolide ainsi leur domination sur lui-même. Il nourrit contre lui des préjugés religieux, sociaux et nationaux. Il se comporte, vis-à-vis de lui, à peu près comme les pauvres blancs (poor whites) vis-à-vis des niggers dans les anciens états esclavagistes de l'Union américaine* »[70].

Produire une mentalité de « petits Blancs » est le premier effet de cette inégalité de traitement matérielle construite systémiquement. Ce n'est pas ici la « mentalité de petits Blancs » qui produit la discrimination et l'inégalité mais au contraire ces dernières qui constituent les bases matérielles de celle-là. Une fois le processus enclenché, la mentalité de « petits Blancs » contribue bien sûr à reproduire et approfondir les discriminations et inégalités. Marx poursuit ensuite en mettant en évidence les conséquences sur l'immigration irlandaise :

« *L'Irlandais lui rend largement la monnaie de sa pièce. Il voit dans le travailleur anglais le complice et l'instrument de la domination anglaise sur l'Irlande* »[71].

Pour l'ouvrier anglais comme pour le travailleur irlandais le résultat idéologique est le même : la cécité devant le système social produisant l'un et l'autre d'une part et produisant le système d'interaction entre les deux d'autre part. Marx poursuit son raisonnement en précisant la place des outils de propagande :

---

[69] Cf. les travaux de l'approche socio-historique conduits par Pascal Blanchard et d'autres avec lui.
[70] Lettre de Marx à Sigfrid Meyer et August Vogt du 9 avril 1870, *Correspondance Marx-Engels*, tome 10, Paris, Editions Sociales, 1984, p.345.
[71] *Ibid.*

« Cet antagonisme est artificiellement entretenu et renforcé par la presse, les prêches anglicans, les journaux satiriques, bref par tous les moyens qui sont à la disposition des classes dominantes »[72].

Nous sommes bien en présence d'un antagonisme réel produit par l'organisation sociale qui est ensuite reproduit et entretenu par des outils de propagande. L'erreur de la logique ouvriériste est, selon nous, de nier cet antagonisme réel et de ne prendre en compte que l'instrumentalisation idéologique par la classe dominante d'une division réelle. Ce faisant la logique ouvriériste ne peut déboucher en matière de lutte contre les discriminations qu'à un appel abstrait au « changement de mentalité ». Le combat contre les discriminations racistes est limité à une action sur les représentations sociales.

Nous sommes bien sûr conscient que comparaison n'est pas raison et qu'une multitude de facteurs distingue l'Angleterre coloniale de l'époque et la France postcoloniale d'aujourd'hui. Cependant ces différences ne doivent pas nous empêcher de penser le besoin social d'un système de domination de produire une organisation pyramidale dans laquelle chaque groupe est incité à préserver la hiérarchie contre celui qui se situe à l'échelon inférieur dans celle-ci. L'essentialisme de l'approche ouvriériste empêche de saisir cette logique de fonctionnement de tous les systèmes de domination.

La fausse conscience de l'approche ouvriériste

Les caractères essentialiste, idéaliste et anhistorique de la logique ouvriériste la conduisent à ce qu'Engels a appelé la « fausse conscience » ou « conscience mystifiée » :

« Il en va des reflets économiques, politiques et autres tout comme des reflets dans l'œil humain : ils traversent une lentille convexe et par conséquent prennent forme à l'envers, les pieds en l'air (...). L'homme du marché mondial ne voit les fluctuations de l'industrie et du marché mondial que sous la forme du reflet inversé du marché monétaire et du marché des valeurs et alors l'effet devient la cause, dans son esprit »[73].

---

[72] *Ibid.*
[73] Lettre d'Engels à C. Schmidt du 27 octobre 1890, in K. Marx et F. Engels, *Etudes philosophiques*, Paris, Editions Sociales, 1968, p.154.

Prendre une conséquence pour une cause, une partie pour la totalité, etc., ces processus de la conscience mystifiée nous ont été récemment diffusés abondamment dans nos médias à propos de la crise économique (dont un des effets logiques ne peut être que l'accroissement des discriminations racistes comme sexistes et « âgistes »). Une unanimité presque complète s'est réalisée pour nous présenter la spéculation comme cause du marasme alors qu'elle n'est selon nous qu'un déclencheur et une conséquence.

La conscience mystifiée ne signifie pas que nous sommes en présence de mensonges volontaires. Comme l'essentiel des discriminations, elle n'a pas besoin d'une intentionnalité pour se déployer :

« L'idéologie est un processus que le soi-disant penseur accomplit sans doute avec conscience, mais avec une conscience fausse. Les forces motrices véritables qui le mettent en mouvement lui restent inconnues, sinon ce ne serait pas un processus idéologique. Aussi s'imagine-t-il des forces motrices fausses ou apparentes »[74].

C'est bien avec un processus de « fausse conscience » que nous avons affaire en ce qui concerne l'approche ouvriériste en matière de lutte contre les discriminations. En prenant une conséquence (les mentalités et/ou les représentations) pour une cause, on en arrive à privilégier le combat illusoire contre les préjugés sans s'attaquer à leur véritable cause : les discriminations concrètes et matérielles. Il n'est pas inutile de nous arrêter sur quelques exemples de cette « fausse conscience ».

Le premier exemple que nous choisissons pour sa prégnance dans la logique ouvriériste est celui qui porte sur le « communautarisme », le danger « communautaire », le « repli communautaire », etc. La variante positivée de cette question se référera, elle, à la « mixité sociale », au « mélange » et au « métissage ».

Nous avons souligné plus haut la nécessité de se méfier du processus de réification, mais cela ne nous dit encore rien sur le processus de production des « communautés ». Sont-elles des réalités naturelles ou des

---

[74] Lettre d'Engels à Mehring du 14 juillet 1893, in K. Marx et F. Engels, *Études philosophiques*, Paris, Editions Sociales Internationales, 1935, p.165.

productions sociales, des héritages anhistoriques ou des productions de notre fonctionnement contemporain ?

Qu'il existe un substrat commun (ou perçu comme tel), orientant l'individu vers des groupes d'appartenances dits « communautaire », est une banalité et une tautologie. Que ces groupes d'appartenances remplissent des fonctions sociales (de sortie de l'isolement, de convivialité, de solidarité, etc.) surtout dans une période de désinvestissement de l'État, cela nous semble peu discutable. Mais deux facteurs nous semblent à prendre en compte pour saisir comment émergent les communautés : le bouleversement que constitue le processus d'émigration-immigration d'une part et le maintien d'une certaine définition (et autodéfinition) communautaire pour les jeunes Français issus de l'immigration d'autre part.

Un des apports essentiels de l'œuvre d'Abdelmalek Sayad a été de mettre en évidence l'ampleur des transformations pour le sujet de l'acte d'émigrer. C'est l'ensemble du cycle de vie (y compris du cycle de vie familial quand bien même la famille serait restée provisoirement au pays) qui est bousculé par un changement non maîtrisé. Le processus improprement appelé « d'intégration » s'enclenche avant même le départ du pays, dans l'émergence du projet migratoire lui-même. Avec un tel bouleversement de l'existence, les regroupements dits « communautaires » qu'intègrent ces migrants ne peuvent pas être comparés à ceux qui existent au pays d'origine. Ils sont des productions du contexte d'immigration, des places sociales auxquelles sont assignés les nouveaux arrivants, des processus de domination et d'exploitation qui caractérisent ces places. Les « communautés » dont on parle avec tant de crainte sont ainsi des productions sociales contemporaines et non des causes initiales ; elles sont des effets et non des causes. Confondre l'ordre des causes et des conséquences conduit la logique ouvriériste aux mêmes conclusions que le paradigme culturaliste : attribuer l'origine du processus à une caractéristique naturelle et essentielle des personnes et des cultures.

La reproduction inflationniste de la thématique de l'intégration pour les jeunes Français issus de l'immigration est par ailleurs l'indicateur d'une place particulière, dans la société française, d'un traitement exceptionnel connoté par l'inégalité et d'une nomination communautaire de cette situation. Or, nommer une réalité n'est pas un acte neutre et en conséquence choisir le vocabulaire culturel ou celui de l'intégration c'est produire de la « communauté ». Voici comment Sayad analyse la production des « beurs » :

« Le discours sur la génération est un discours nécessairement performatif, c'est-à-dire un discours visant à constituer comme légitime la distinction qu'il a charge d'imposer. (...). Le pouvoir que ce discours doté d'autorité exerce par soi sur le groupe a, à lui seul, la faculté de faire apparaître la relation entre toutes les propriétés objectives communément partagées par le groupe, et d'énoncer ces propriétés ; surtout, l'effet de système qu'elles forment toutes ensemble, les unes avec les autres, contribue à les faire reconnaître et, pour les personnes concernées, à se reconnaître en elles »[75].

L'effet performatif souligné ici à propos de la génération est en œuvre également à propos de l'islam, des « Noirs », des « Maghrébins » et des « Arabes », de la femme immigrée, des élèves issus de l'immigration, de la santé des « migrants », etc. De cette manière l'État et ses relais institutionnels, le système scolaire et ses enseignants, les organismes bailleurs de logements et les municipalités, les associations et autres structures sociales, etc., produisent en permanence de l'ethnicité et du communautaire. La difficulté constatée en France d'une sociologie des relations interethniques est le signe d'une résistance forte à prendre en compte cette production sociale d'ethnicité et de communautaire. Cette résistance ne laisse alors qu'une alternative : renvoyer aux sujets concernés l'origine de cette ethnicité et de ce communautaire.

L'effet système et le caractère performatif que souligne Sayad expliquent les deux aspects dialectiquement liés de la question communautaire : l'assignation et la revendication identitaires. Nous sommes en présence de deux moments d'un même processus social. Les mêmes processus sont repérables dans l'ensemble des discours sur la « mixité sociale » (scolaire, résidentielle, d'activités de loisirs ou sportive, etc.). Ici aussi un appel idéaliste à la mixité et/ou au métissage se déploie sur et à partir de la négation des processus concrets et matériels d'assignation à certains espaces et à certaines places.

---

[75] *Ibid.*, pp.10 et 11.

Faut-il encore rappeler le « communautarisme », c'est-à-dire le choix d'une vie dans « l'entre-soi » des membres de la classe dominante[76] ? Faut-il également encore mentionner les stratégies scolaires des membres de couches moyennes consistant à fuir certains espaces scolaires[77] ? Faut-il enfin encore souligner le processus de fuite des quartiers populaires par tous ceux qui en avaient encore les moyens au cours des décennies 70 et 80[78] ? Ledit « communautarisme » des uns est le résultat du « communautarisme » des autres, l'ensemble de ceux-ci étant le résultat du fonctionnement de notre système social. Ne pas prendre en compte ces interactions, c'est confondre la cause et la conséquence du fait social étudié.

Le second exemple de conscience mystifiée que nous choisissons est celui des statistiques dites ethniques. Deux pétitions parues dans les médias ont présenté les arguments des partisans et des adversaires de cette statistique dite « ethnique ». La première dont je suis signataire met en avant la nécessité de connaître les écarts et inégalités pour pouvoir mener une politique efficace de lutte contre les discriminations racistes. La seconde avance le danger d'un développement du « communautarisme » par la publication de telles données d'une part et l'existence d'autres outils pour lutter contre les discriminations racistes d'autre part.

Soulignons un point de consensus dans ce conflit. Plus personne ne nie désormais l'existence de processus de discriminations racistes importants et touchant toutes les sphères de la vie sociale. Cet élément est à souligner tant a été longue la période de déni de la réalité discriminante. Il a fallu la réalisation de nombreuses études et recherches d'une part, l'incitation des textes européens conduisant à la mise en place de la HALDE et le séisme de la révolte des quartiers populaires de novembre 2005 pour que cesse la posture de négation. Les arguments des adversaires aux « statistiques ethniques » soulignent cependant que

---

[76] Qu'on peut percevoir à travers les travaux de Michel Pinçon et de Monique Pinçon-Charlot, pour ne citer qu'un ouvrage ; cf. l'excellente synthèse de ce travail de long terme : M. Pinçon, et M. Pinçon-Charlot, *Sociologie de la bourgeoisie*, Paris, La Découverte, Collection Repères, 2000.
[77] Cf. par exemple : M. Oberti, *L'école dans la ville. Ségrégation-mixité-carte scolaire*, Paris, Les Presses de Sciences-Po, 2007.
[78] E. Maurin, *Le Ghetto français. Essai sur le séparatisme social* Paris, Le Seuil, Collection La République des Idées, 2004.

quitter la posture de négation ne signifie pas automatiquement le passage à une posture de lutte contre les discriminations. Elle peut aussi signifier le refuge dans une « posture de l'impuissance » au prétexte de l'existence de « dérives » potentielles.

Que toute catégorie statistique ait un effet performatif est une évidence. Cependant un tel constat est pertinent pour toutes les catégories statistiques. Il ne vient à l'idée de personne de supprimer les catégories en termes d'appartenance sociale ou de sexe. De surcroît la crainte du « communautarisme » inverse encore une fois l'ordre des causes et des conséquences. C'est l'existence de discriminations racistes dans notre fonctionnement social qui produit du « communautarisme » et non le fait de mesurer ces discriminations. Enfin, les leçons de la lutte contre d'autres discriminations sont également à prendre en compte. La visibilisation statistique des inégalités de sexes par exemple a contribué à la mobilisation collective.

Le second argument est la mise en avant du *testing* comme outil suffisant pour aborder les discriminations racistes. Or cette méthode peut difficilement mettre en évidence les discriminations indirectes et systémiques qui sont pourtant les plus nombreuses et surtout les plus destructrices. Elle conduit inévitablement à une sous-estimation de l'ampleur des processus discriminatoires et surtout à présenter les discriminations comme issues de « comportements voyous » et non comme résultat du fonctionnement de nos institutions et de notre système social. Ce faisant, c'est la cible de la lutte contre les discriminations qui devient floue.

Nous sommes bien devant un choix inévitable. La première alternative est celle du choix de l'ignorance au prétexte de dérives potentielles. La seconde est celle d'une politique offensive de lutte contre les discriminations racistes qui suppose de les nommer, de les compter et d'en tirer les conclusions nécessaires. Quant aux dérives, c'est effectivement sur ce point que devrait porter le débat, non pas pour enterrer la nécessité d'une approche statistique mais pour étudier les moyens les plus efficaces pour les neutraliser. Une nouvelle fois, la conscience mystifiée inverse l'ordre des causes et des conséquences : les statistiques ethniques ne peuvent pas être les causes des discriminations et/ou du communautarisme ; c'est au contraire l'ampleur des discriminations racistes qui produit les conditions matérielles d'apparition de la revendication d'une statistique dite « ethnique ». Casser le thermomètre n'a jamais encore réussi à enrayer la fièvre.

Terminons nos exemples par la conscience mystifiée la plus fréquente dans le paradigme ouvriériste : aborder les discriminations racistes détournerait de l'ennemi principal, diviserait le front des exploités, les opposerait entre eux, etc. Les porteurs de ce raisonnement souligneront volontiers qu'il existe de nombreux pauvres blancs ou de nombreux « exclus » blancs selon la couleur politique de l'acteur s'exprimant. Ils mettront également en avant l'existence de « bourgeois » issus de l'immigration, censés ne pas vivre les discriminations racistes. Ils en concluront enfin que ces dernières ne font que masquer « l'ennemi principal » : les rapports de classes.

Notons en premier lieu que les constats avancés ne sont pas contestables : il existe, effectivement, non seulement de nombreux pauvres blancs mais une paupérisation généralisée de l'ensemble du monde du travail ; il existe également une minorité de personnes issues de l'immigration accédant à des échelons supérieurs de la hiérarchie sociale. Cependant ces constats ne nous disent rien en matière de discriminations racistes. Dans ce dessein, il faudrait aller plus loin et observer tant la population desdits « pauvres » - que la population des dits « riches ». Ce qui se dévoile alors c'est un champ des possibles inégal, toutes choses égales par ailleurs (même diplôme, même expérience, etc.), en défaveur des personnes issues de l'immigration postcoloniale. La logique est identique si en lieu et place de la pauvreté et de la richesse nous prenons comme frontière la notion floue d'« exclusion ». Constater cette frontière ne dispense pas de regarder les inégalités au sein des « exclus » (probabilité d'y entrer, probabilité d'en sortir, accès à la formation et laquelle, etc.) comme des « inclus » (place dans l'organisation du travail, poste occupé au regard des diplômes, plan de carrière, etc.).

C'est cette expérience vécue concrète d'un traitement inégal qui est la base matérielle de la « désunion » du monde du travail. C'est en prenant en compte cette base matérielle et non en la niant ou en l'euphémisant qu'une unité devient possible. À moins de considérer les citoyens issus de l'immigration postcoloniale comme incapables d'avoir une démarche comparative, force est de considérer que la certitude de vivre des discriminations racistes est basée sur une dimension d'objectivité (certes restreinte car non quantifiée) : la comparaison que font les personnes issues de l'immigration postcoloniale de leur trajectoire avec d'autres ayant des caractéristiques communes ou proches (diplômes, démarches, anciennetés, etc.). Nier ce savoir issu de l'expérience comparative spontanée (cette expertise d'usage) conduit inévitablement à la thèse de la victimisation qui est une des modalités les plus violentes mais aussi les plus fréquentes des « réponses » apportées aux sujets victimes de discriminations. Soulignons une première dimension de conscience mystifiée : ce n'est pas la mise en avant de la lutte contre les discriminations racistes qui porte division mais l'absence de mise en avant de celle-ci qui fait obstacle au fait de se reconnaître dans une communauté d'intérêt.

Notre seconde remarque portera sur le contre-exemple que constitue cette minorité issue de l'immigration en voie de réussite. Constatons d'abord que l'argument n'est pas nouveau (on abordera cette question plus en profondeur encore dans un chapitre prochain). Il a été de nombreuses fois utilisé pour masquer la domination de classes : la minorité ouvrière accédant à la promotion sociale était et est toujours mise en scène pour masquer les inégalités systémiques du système capitaliste. Soulignons ensuite que l'accession à des niveaux supérieurs de la hiérarchie sociale ne permet pas de conclure à l'inexistence de discriminations racistes. On peut même poser l'hypothèse exactement inverse : plus on accède à la hiérarchie sociale, plus les écueils discriminatoires (c'est-à-dire les inégalités de traitement) sont nombreux. Les verrous du système augmentent au fur et à mesure de la hiérarchie sociale. Non seulement la promotion sociale n'a pas pour effet de diminuer les discriminations racistes mais elle est une des causes de l'augmentation de celles-ci. Voilà un autre exemple de l'inversion de l'ordre des causes et des conséquences de la logique ouvriériste. Que les formes de la discrimination raciste soient plus euphémisées, plus « polies », plus « raffinées » dans les échelons supérieurs ne signifie pas que les discriminations racistes soient moins nombreuses et moins prégnantes dans le rapport au monde et dans l'existence des personnes les subissant.

Inverser une logique de la pensée dominante ne suffit pas pour rompre avec elle. À la mise en avant systématique d'une causalité culturelle que réalise le paradigme culturaliste et intégrationniste, il ne suffit pas de répondre par une mise en avant tout aussi systématique d'un « social » tout aussi essentialisé. Au mieux cette inversion permet de ne réaliser qu'une rupture partielle. Au pire elle conduit au même résultat que la logique dominante : la négation de l'instance matérielle, c'est-à-dire de « l'utilité sociale » pour la reproduction du système social des discriminations racistes. Que ce soit en renvoyant les inégalités constatées à des différences culturelles (ou à une insuffisante intégration) ou en les diluant dans la « classe » posée comme homogène ou dans la catégorie des « exclus » également indifférenciée, le résultat est le même : la négation des discriminations racistes sous une forme directe (elles n'existent pas) ou indirecte (elles sont secondaires ou provisoires).

On comprend dès lors le malaise entre les organisations du monde ouvrier et plus généralement de la « gauche »[79] sur lequel la droite tente de surfer en instrumentalisant la question de la lutte contre les discriminations. La conscience mystifiée à laquelle conduit le paradigme ouvriériste, l'inversion de l'ordre des causes et des conséquences, conduit à un champ de rencontre restreint. L'expérience des uns étant niée par les autres ou secondarisée, la rencontre est problématique alors même qu'il y a confrontation au même système de domination.

Comprendre un système de domination c'est donc prendre en compte non seulement le clivage entre les « dominés » et les « dominants » mais aussi intégrer dans l'analyse l'organisation de la « concurrence » entre dominés que met en œuvre ce système pour se reproduire. Les discriminations racistes sont avec les discriminations sexistes et « âgistes » un des outils clefs de la mise en concurrence.

---

[79] Notre réflexion portant sur les paradigmes, nous mettons de côté la diversité du mouvement ouvrier et de la « gauche ». Il est bien entendu évident que toutes les organisations ne se situent pas dans la même prégnance de la logique ouvriériste.

« Dans son élan généreux vers l'homme universel, vers une fraternité basée sur la raison, sur un dénominateur commun à tous les hommes, les humanistes en arrivent à négliger les problèmes concrets, spécifiques, de tel ou tel homme particulier (...) »

Albert Memmi, *Le racisme*.

Chapitre 4 : Le paradigme de la concurrence systémique

Ni conséquences d'une inadaptation ou d'une intégration insuffisante comme le pose le paradigme culturaliste, ni réalité secondaire qui se diluerait dans une question sociale plus vaste et plus centrale comme le pose la logique ouvriériste, les discriminations racistes ne peuvent se comprendre qu'en partant de l'instance matérielle. Elles ne sont pas des réalités secondaires de notre système social mais un des mécanismes clefs de sa reproduction et de la reproduction des inégalités qui le caractérisent. La compréhension et le combat contre les discriminations racistes supposent en conséquence d'identifier de manière matérialiste les contradictions à l'œuvre entre classes sociales d'une part, au sein de chacune de ces classes d'autre part et les interactions entre contradiction « inter » et contradiction « intra » pour une troisième part.

Les discriminations racistes apparaissent alors comme le processus de production d'une hiérarchie sociale à partir d'un système de distribution de « privilèges ». Que ces privilèges soient en grande partie illusoires sur le long terme n'empêche pas une efficacité réelle en terme d'augmentation de la concurrence au sein des milieux populaires, ni des effets négatifs matériels concrets pour ceux qui n'en bénéficient pas. Mais les discriminations racistes ne se laissent pas réduire aux milieux populaires. Elles sont en œuvre également pour les classes moyennes et même pour les rares personnes issues de l'immigration postcoloniale accédant à la classe dominante. Il s'agit ici aussi de débusquer la fonctionnalité sociale de ces discriminations racistes.

A l'inverse d'une « fausse conscience » fréquente, je ne pense pas que les discriminations racistes soient le résultat des idées racistes mais au contraire que ce sont les processus de discriminations racistes concrets qui produisent ces idées. C'est dire l'inanité d'une des thèses dominantes dans les dispositifs et discours publics, les diagnostics, les formations diverses, etc., qui se sont multipliés cette dernière décennie : lutter contre les discriminations en agissant sur les représentations sociales.

Rompre avec quelques fausses évidences

La première fausse évidence que nous aborderons provient de la sous-estimation des différences entre les discriminations racistes contemporaines et d'autres systèmes d'inégalité prenant la « race » comme critère dans l'histoire de l'humanité. Repérer les analogies avec des éléments d'autres périodes historiques ne signifie pas qu'il n'y a pas de réalité nouvelle. Sous-estimer ces mutations conduit à percevoir les discriminations racistes comme phénomène anhistorique, comme caractéristique éternelle de l'être humain, comme essence invariante. Ce faisant ce sont les fonctions économiques, sociales et idéologiques des discriminations racistes contemporaines qui sont évacuées, ce sont les véritables causes contemporaines qui sont masquées et enfin les mécanismes concrets de production et de reproduction qui échappent à l'analyse.

Le racisme (comme le patriarcat) est précapitaliste et il y a donc des invariances qu'il convient de prendre en compte dans l'analyse de la situation présente. Elles sont cependant mises au service du mode de production dominant à chaque époque historique et il y a donc des mutations qu'il convient également de prendre en compte. Si le racisme de l'époque féodale et celui de l'époque capitaliste sont tous deux du racisme, ils portent néanmoins des différences liées au fait qu'ils sont inscrits dans, et surdéterminés par, des logiques économiques différentes.

La différence essentielle pour moi est que le racisme antérieur au capitalisme se fonde sur une division de la société en **groupes légalement inégaux**. L'inégalité légale est la norme. Elle est fondée soit en « nature », soit par la « loi du plus fort », le plus fréquemment par les deux dans une multitude de variantes selon les sociétés.

Le mode de production capitaliste a besoin pour se déployer de mettre fin à la société d'ordres afin de rendre possible la circulation des forces de travail. La production d'un individu « libre » nécessaire à cette circulation conduit logiquement à l'affirmation d'une égalité naturelle entre les hommes. C'est d'ailleurs la base matérielle du besoin d'un discours de justification et de légitimation des inégalités fondées sur la « race » dont les fleurons bien connus ont été les thèses de la mission civilisatrice et du fardeau de l'homme blanc. Il y a désormais besoin d'expliquer l'anomalie par rapport à la règle, le décalage entre norme et réalité. Tel est selon moi ce qui spécifie les discriminations racistes contemporaines.

Bien sûr l'histoire ne se découpe pas en tranches étanches et la nouvelle logique s'est construite par tâtonnement en donnant naissance à une multitude de transitions entre logique ancienne et logique nouvelle. Ainsi par exemple encore aujourd'hui la nationalité est une frontière posant une inégalité légale. C'est d'ailleurs une des contradictions profondes du contexte contemporain : justifier des inégalités légales sur une base principielle posant l'égalité de tous. C'est en s'appuyant sur cette contradiction que se sont développées les dynamiques de luttes des dominés : la lutte pour l'abolition de l'esclavage, le mouvement ouvrier, le mouvement féministe, la lutte pour la décolonisation, etc.

Les discriminations néo-contemporaines[80] fonctionnent ainsi en transformant en étranger (c'est-à-dire en traitant socialement en étranger) des Français nés, socialisés et scolarisés en France. Ces discriminations racistes ne sont donc pas identiques à d'autres systèmes inégalitaires fondés sur la « race ». Les discriminations racistes néo-contemporaines ne sont pas un vestige du passé survivant à l'esclavage et à la colonisation mais une production quotidienne de notre fonctionnement social. Elles ont une base matérielle contemporaine. Cela ne veut pas dire qu'aucune analogie n'est possible. Nous le verrons plus loin, des éléments du passé sont toujours recyclés pour légitimer des réalités du présent. L'histoire est une fabrique du présent et le présent est une forme développée du passé.

C'est cette absence de prise en compte des différences entre les discriminations racistes néo-contemporaines et les autres systèmes inégalitaires fondés sur la « race » qui conduit à percevoir les discriminations racistes comme pathologie individuelle et donc soignable par un travail sur les représentations sociales permettant de « changer les mentalités », mais bien sûr … en étant patient. En rompant avec cette fausse évidence, nous pouvons nous ouvrir au fait que les discriminations

---

[80] Néo-contemporaines par opposition aux précédentes qui ne concernaient pas les personnes d'origine coloniale et qui ont touché les Italiens, les Espagnols, les Portugais, etc. : dont la différence fondamentale est le caractère actuel transgénérationnel.

racistes sont une question d'inégalités systémiques et systématiques dans la distribution des droits, des espérances, des opportunités, des privilèges, des privations, des champs des possibles, etc.

La non-prise en compte de cette fausse évidence conduit également à des approches moralistes renvoyant à l'introspection individuelle. Ainsi en est-il de la thèse très fréquente se posant comme sortie du déni des discriminations racistes : « Nous sommes tous discriminants ». Une telle thèse occulte simplement que, pour discriminer, il faut disposer d'un pouvoir dans un mécanisme social. Ce n'est pas en diluant la « responsabilité » des discriminations à l'ensemble des citoyens que l'on peut les combattre. Au contraire une telle démarche masque les leviers institutionnels de la reproduction systémique. Si la discrimination est systémique, le système s'incarne, se traduit, se concrétise, etc., dans des places sociales précises, dans des processus (d'embauche, d'attribution de logement, etc.), dans des modalités d'organisations portant des implicites de traitement inégal, etc.

La seconde évidence avec laquelle la rupture est nécessaire est d'associer la question des discriminations racistes contemporaines à la couleur de la peau ou à la différence culturelle et/ou religieuse. Si les victimes de discriminations d'aujourd'hui sont de manière incontestable les « Noirs et les Arabes », cela ne veut pas dire que l'existence d'un marqueur de couleur et même d'origine soit une condition nécessaire[81]. Ce qui fait que tel ou tel marqueur soit celui sur lequel se bâtit le système discriminatoire est lié à la dynamique historique et à l'état des rapports de forces. Ainsi, par exemple, les Irlandais en Grande-Bretagne ont été victimes de discriminations systémiques en dépit de leur couleur de peau. Il en va de même avec le soi-disant critère de la « différence culturelle ». Les immigrés polonais et italiens ont vécu des discriminations systémiques alors même que la différence culturelle et/ou religieuse est en apparence moins grande. Une telle évidence trompeuse n'est que la vieille reprise de la thèse fondamentalement raciste de la « distance culturelle » ayant justifié des classements entre immigrations

---

[81] Une question centrale qui se pose est celle de la condition matérielle du stigmate : on voit que des mécanismes discriminatoires sont possibles sans que des stigmates explicitement visibles soient nécessaires (C'est ce que montre la réalité dans des registres différents des discriminations en matière de sexualité ou en raison d'appartenance syndicale). Question qu'il serait nécessaire d'approfondir, mais que je laisse ici de côté.

« intégrables » et d'autres qui ne le seraient pas. Ici aussi nous sommes en présence d'une conscience mystifiée : ce n'est pas la distance ou la différence culturelle qui produit les discriminations racistes mais ces dernières qui suscitent les premières.

L'explication des discriminations racistes par la culture (même quand il s'agit de s'opposer à la stigmatisation d'une « culture précise ») confond une nouvelle fois cause et conséquence. Elle conduit à deux types de diagnostic en apparence opposés, mais qui débouchent tous deux sur le même résultat social : évacuer les causes systémiques des discriminations racistes. Le premier est le diagnostic de l'intégration insuffisante par non-réduction suffisante de la « distance culturelle ». Le second est le diagnostic « multiculturaliste »[82] recherchant un arrangement pluraliste par la « reconnaissance de l'autre », la « découverte de l'autre », le « respect de l'autre », etc. Le terme de « reconnaissance » vient masquer ici l'exigence d'égalité. Le besoin des discriminés n'est pas d'être reconnus mais d'être traités également.

La troisième évidence trompeuse est la coupure absolue faite entre discriminations légales et discriminations illégales, entre discriminations touchant les « étrangers » qui seraient légitimes et discriminations touchant les Français issus de l'immigration postcoloniale qui ne le seraient pas. La caractérisation que nous avons faite précédemment de la spécificité des discriminations racistes contemporaines comme touchant des groupes sociaux illégalement inégaux ne veut pas dire qu'il n'y a pas de lien entre discrimination légale et discrimination illégale. Au contraire la seconde autorise et renforce la première. Ces deux formes de discrimination sont fondamentalement de même nature, mais par convention distinguées (convention posée arbitrairement par la loi) et donc seule la perception politique, et donc surtout idéologique, diffère. C'est dire l'inanité de tous les discours et analyses marqués par le juridisme conduisant à sous-estimer les logiques communes aux étrangers et aux Français issus de l'immigration postcoloniale. Il existe bien entendu des variantes dans ces discours à prétention savante : les uns continueront par exemple de parler d'« intégration » pour les jeunes

---

[82] Je distingue bien entendu la critique du « multiculturalisme » comme idéologie et théorie explicative du social du constat évident d'une diversification culturelle des sociétés contemporaines. La multiculturalité concrète de nos sociétés ne conduit pas automatiquement au multiculturalisme.

Français issus de l'immigration alors que d'autres s'offusqueront de ce réductionnisme et affirmeront, confiants dans leur progressisme, que l'intégration n'est acceptable que pour les étrangers. Plus prosaïquement la source de cette division binaire est à rechercher dans les catégories des pouvoirs et financeurs publics.

La division binaire est fréquente en matière de populations issues de l'immigration : sans-papiers et « réguliers » ; « beurs » et « première génération » ; étrangers et naturalisés, etc. Ces divisions binaires ont bien entendu une pertinence : celle de refléter des différences de réalité sociale et de rapport à la société française et à ses institutions. Ces différences ne sont pas secondaires au regard du vécu discriminatoire[83] : l'impact destructif sur soi-même n'est pas identique selon que l'on se considère chez soi ou « invité », selon que la présence en France est perçue sur le mode du provisoire, du provisoire qui dure ou du permanent. Les postures (de soumission, de revendication, de silence, de visibilisation ou au contraire de discrétion, etc.) ne sont pas tendanciellement les mêmes. C'est ce que souligne Sayad en analysant la signification du rapport au délit :

« Car il faut, à coup sûr, une certaine forme d'audace, une audace qui est en même temps une incongruité, une audace puisée dans la situation du moment et dans le type de relation qu'on a avec l'ordre social (celui de l'immigration) et avec soi-même (en tant qu'immigré ou enfant d'immigrés), pour s'accorder l'autorisation (ou la licence) de se comporter délictueusement alors, pourrait-on penser qu'on n'est « pas chez soi » mais « chez les autres », la politesse et aussi la politique (i.e. la neutralité éthique qui est aussi une neutralité politique) commandant d'agir poliment (ce qui est aussi une manière d'agir politiquement) quand on est « chez les autres, ce que ces « autres » eux-mêmes attendent de ceux qui sont chez eux et avec eux »[84].

Ce qui est en cause ici c'est beaucoup plus le sentiment d'intranéité que la nationalité ou le fait d'être né français, même si bien sûr ces deux facteurs interviennent comme facteurs accélérant ce sentiment.

---

[83] Cf. sur cet aspect notre travail : A. Benyachi, S. Bouamama, *Les discriminations dans l'emploi et leurs impacts, l'exemple roubaisien,* Roubaix, Voix de Nanas, 2000.
[84] A. Sayad, *Le mode de génération des générations immigrées, Générations et mémoire, op. cit.* p.15.

L'envers problématique de ces divisions binaires est cependant de jouer une fonction idéologique de justification d'un traitement inégal et discriminatoire pour un des deux pôles : justification d'une fermeté pour les sans-papiers comme condition d'une intégration des « réguliers » ; justification d'un droit à la citoyenneté pour les uns et refus du droit de vote pour les autres ; intégration pour les uns et lutte contre les discriminations pour les autres, etc. Bref ce qui est passé sous silence ici ce sont les relations entre les discriminations légales (celles argumentées à partir du critère de la nationalité) et les discriminations illégales (celles qui sont interdites par la loi et en particulier celles que subissent les Français issus de l'immigration). Sayad souligne à juste titre à propos des discriminations légales liées à la nationalité comment les discriminations légales et illégales sont en relation :

« La discrimination de droit (entre national et non-national) appelle à son renfort les discriminations de fait (c'est-à-dire les inégalités sociales, économiques, culturelles) et, en retour, celles-ci trouvent une justification et se donnent une légitimité dans la discrimination de droit : cette logique circulaire par laquelle les situations de droit et de fait se soutiennent mutuellement est au principe de toutes les ségrégations (esclavage, apartheid, colonisation, immigration, etc.) et de toutes les dominations (l'esclave, le Noir, le colonisé, l'immigré, la femme, etc.) génératrices de racisme, l'égalité de droits étant refusée sous prétexte des inégalités de fait et l'égalité de fait étant à son tour impossible en raison de l'inégalité de droit »[85].

Mais ce que souligne Sayad ici à propos des « étrangers » est également en œuvre dans le lien entre ceux-ci et les Français issus de l'immigration : les discriminations légales vécues par les étrangers ont un effet d'autorisation sur les discriminations illégales vécues par les Français issus de l'immigration. La lutte contre les discriminations racistes ne peut donc pas se limiter à la lutte contre les discriminations légales.

La dernière fausse évidence est la confusion entre les discriminations racistes et d'autres formes d'oppression et/ou d'autres formes de séparation et/ou d'autres discriminations. Il existe certes d'autres groupes

---

[85] A. Sayad, « Qu'est-ce qu'un immigré ? », in *L'Immigration ou les paradoxes de l'altérité*, op.cit., p.64.

sociaux vis-à-vis desquels un constat de séparation peut être fait. C'est le cas des sectes qui se situent à l'écart de la majorité. La différence est, bien entendu, ici le caractère volontaire ou non du processus de séparation. Les discriminations racistes comme les discriminations sexistes se distinguent ainsi des autres oppressions (oppression religieuse par exemple) ou des autres discriminations (liées à l'orientation sexuelle, à la taille, etc.) par le fait que les victimes ne peuvent pas se changer elles-mêmes, masquer leur stigmate quand bien même elles le voudraient. Elles n'ont aucun moyen de se soustraire aux discriminations sexistes et/ou racistes. Dire cela ne veut pas dire que les autres oppressions et discriminations sont secondaires, légitimes, acceptables. Cela ne veut pas dire non plus que le combat pour être pris en compte de manière égalitaire en n'étant pas contraintes de s'invisibiliser ne soit pas nécessaire et légitime. C'est juste souligner que ces oppressions et discriminations n'ont pas la même fonction dans le processus de reproduction systémique.

Pour qu'il y ait effectivement une fonctionnalité dans la reproduction systémique, il est nécessaire qu'il y ait un effet de « masse critique » minimal afin de pouvoir influer sur des aspects matériels comme le coût de la force de travail, la distribution des logements sociaux, etc. Ainsi, par exemple, l'analyse des sans-papiers permet d'avancer l'hypothèse de l'organisation tendancielle d'un marché du travail spécifique. Il en est de même pour l'analyse de la fonction économique des discriminations sexistes et racistes en termes de division sectorielle et technique du travail. Tel n'est pas le cas pour les discriminations liées à la taille ou à l'orientation sexuelle par exemple.

La conséquence d'une telle fausse évidence est un appel généreux mais abstrait à lutter contre toutes les discriminations conduisant de fait à ne pas prendre en charge la lutte contre les discriminations racistes et sexistes. En effet, ces dernières du fait de leur importance dans le processus de reproduction systémique sont celles qui sont les moins directes, les plus complexes, les plus ancrées dans des processus d'invisibilisation et qui ont surtout le plus grand rendement social au service du système (rendement systémique) qu'elles permettent de (re)produire. Si la lutte contre toutes les oppressions et discriminations est légitime et nécessaire, cela ne veut pas dire qu'il s'agit du même processus de lutte à mener avec les mêmes outils, de la même manière et au même endroit. Une nouvelle fois à oublier la dimension systémique, on se retrouve dans une impasse de la pensée.

Pour démêler la question des discriminations racistes de leurs processus divers de « voilement », il nous fallait d'abord rompre avec les fausses évidences dominantes. La lutte contre les discriminations racistes (comme sexistes) n'est pas seulement une lutte contre leurs conséquences concrètes (même si elle est d'abord cela), elle est également une déconstruction des catégories de la pensée dominante. Les discriminations racistes contemporaines sont socialement et historiquement situées et ne peuvent être appréhendées qu'en prenant en compte ce contexte historique et social. Elles ne sont ni un phénomène naturel ou éternel, ni une caractéristique de « l'âme humaine », ni l'expression d'une « essence » de l'homme, etc., mais un fait historique, un processus toujours en œuvre ayant des effets matériels concrets, etc., bref un rapport social dans lequel des avancées mais aussi des reculs sont possibles. C'est donc en partant de l'instance matérielle que nous pourrons comprendre ce rapport social.

L'instance matérielle

Aborder la question des discriminations racistes par l'instance matérielle, c'est en premier lieu regarder la distribution des forces de travail issues de l'immigration postcoloniale dans l'ensemble des secteurs économiques. Ainsi les statistiques à partir du sexe permettent de repérer les secteurs économiques et les types d'emplois dans lesquels se concentrent la main-d'œuvre féminine, les niveaux de salaires et conditions de travail de ces secteurs et emplois, leurs conditions de travail, etc. L'hypocrisie statistique en matière d'origine ne permet pas de dresser un tel tableau. Elle a conduit par le passé à une sous-estimation des discriminations racistes vécues par exemple par les ressortissants des DOM :

« *Quant au secteur des services, notre coefficient d'attirance sous-estime (...) le nombre important de ressortissants des D.O.M. qui se regroupent dans les activités où la nationalité française est requise (Hôpitaux publics). Or, les conditions économiques et sociales des D.O.M., ainsi que les conditions de travail de leurs ressortissants installés en France peuvent les faire assimiler aux travailleurs immigrés.*

Seules des raisons tenant aux sources statistiques nous empêchent de le faire ici »[86].

Pourtant c'est en prenant en compte ces résultats matériels des discriminations racistes que l'on pourra saisir leur fonctionnalité. À partir de celle-ci, il est alors possible d'interroger les processus qui les produisent et les reproduisent.

Les Français issus de l'immigration postcoloniale qu'invisibilisent les statistiques sont des descendants d'immigrés. Il n'est donc pas inutile de rappeler la situation sociale de leurs ascendants. Cette situation est connue, et l'on peut la résumer de la manière suivante : les travailleurs immigrés ne se sont pas répartis uniformément dans la structure productive nationale ; certains secteurs en ont accueilli plus que d'autres avec les effets induits en termes d'insertion spatiale ; les emplois occupés sont plus déqualifiés que la moyenne mais également plus monotones, plus pénibles et plus dangereux ; la mobilité de ces travailleurs liée au type de contrat de travail est plus forte[87] avec les effets induits en matière de promotion à l'ancienneté ; le travail temporaire est surreprésenté ; la durée de travail de ces travailleurs est plus longue ; les accidents du travail sont plus nombreux[88], etc.

L'immigration a donc une première fonctionnalité économique précise : « *C'est donc à la base de la hiérarchie sociale que se regroupent les immigrés, constituant peu à peu la force de travail simple du pays d'accueil. (...). Cette force de travail simple subit un type de travail déterminé, et des conditions d'usure spécifiques : nature et condition de travail, durée du travail, accident du travail usant*

---

[86] C. Mercier, *op. cit.*, p.193.
[87] Certains, dans la décennie 70, ont d'ailleurs tenté d'expliquer cette mobilité plus grande par des explications en terme d'« instabilité naturelle ou culturelle ». Mettre en relation les résultats constatés et des facteurs matériels (par exemple pénibilité et dangerosité du travail et mobilité ou type de contrat de travail et mobilité) ne débouche en effet pas sur les mêmes conclusions.
[88] Sur ces différents aspects, cf. certains éléments de référence déjà cités ici et également concernant la question des conditions de travail l'étude DARES, *Les Conditions de travail des salariés immigrés en 2005 : plus de monotonie, moins de coopération*, n°09.2, DARES, Février 2009. Voir également pour une approche synthétique d'ensemble de ces différentes questions notre travail : Bouamama, S. (dir.), Cormont, J., Fotia, Y., Gaignard, O., *Étude de préfiguration pour un Centre Villeneuvois de l'Egalité et de lutte contre les discriminations*, Ville de Villeneuve-d'Ascq – IFAR, mars 2007.

physiquement les immigrés, comme le prouvent les études sur leur santé après une certaine durée du séjour »[89].

Elle en a une seconde en termes de gestion des rapports de classes. Elle permet de faire reporter sur une partie de la classe (les immigrés) ce qui pourrait provoquer de la contestation si la mesure était généralisée. La mobilité imposée aux travailleurs immigrés a ainsi permis de répondre aux exigences légitimes de stabilité des travailleurs français :

« *Toute action sociale visant à enraciner les travailleurs étrangers s'oppose à la fonction économique de mobilité et suppose que les travailleurs nationaux accroissent leur propre mobilité pour faire face à la dynamique des emplois* »[90].

Ces fonctionnalités économiques de l'immigration sont pertinentes pour toutes les immigrations, qu'elles soient européennes ou postcoloniales. Nous l'avons souligné, la spécificité se situe ailleurs : la reproduction transgénérationnelle de ces fonctionnalités économiques, c'est-à-dire la neutralisation de la durée d'enracinement et de la nationalité. Pour que cette reproduction existe, il faut disposer d'un contexte contraignant des forces de travail qui ne sont pas immigrées à accepter les mêmes fonctions économiques que les immigrés. Ce contexte est fourni par l'ensemble des autres discriminations racistes qui s'étendent sur toutes les sphères de la vie sociale (scolarité, formation, logement, etc.). Ces discriminations que nous appellerons sociales ou raciales de second ordre font système pour maintenir la production permanente d'une force de travail simple, flexible, mobile, etc. Autrement dit le statut social d'immigré perdure au-delà de la nationalité afin que se maintienne durablement un certain type de force de travail. Les discriminations raciales de second ordre sont à la fois le résultat des discriminations économiques et un mécanisme de reproduction de celles-ci de manière transgénérationnelle.

Bien entendu nous ne pouvons pas étayer globalement nos hypothèses compte tenu de l'hypocrisie légale de l'appareil statistique français. Cependant suffisamment d'études fragmentaires existent pour poser le constat et apporter des éléments de preuve partiels que, comme leurs

---

[89] C. Mercier, *op.cit.*, p.236.
[90] H. Puel, *Chômage et capitalisme contemporain*, Paris, Editions Sociales, 1971, p.231.

ascendants, les jeunes Français issus de l'immigration postcoloniale sont surreprésentés dans certains secteurs, certains niveaux de qualification, certains emplois, pour certains contrats de travail, etc.

Arrêtons-nous maintenant sur les conséquences dans les rapports entre groupes sociaux de ces discriminations racistes économiques et sociales. Les discriminations racistes ont des effets concrets sur la vie quotidienne des familles issues de l'immigration postcoloniale : niveau de vie faible et aléatoire dans le temps, dégradation de l'état de santé, échec scolaire, probabilité d'une délinquance plus grande, etc. Bref une coupure objective tend à se constituer entre groupes sociaux ayant des expériences existentielles différenciées. La traduction de ce décalage en antagonisme idéologique se fonde sur ces effets des discriminations économiques et sociales tout en l'accentuant. Les discriminations apparaissent ici comme la cause des préjugés racistes et non comme leurs effets. Combattre les discriminations suppose en conséquence de s'attaquer aux causes structurelles et pas seulement aux conséquences idéologiques. Soulignons également l'hypocrisie d'un discours de lutte contre les discriminations par des gouvernements qui mènent des politiques de destruction des services publics dont un des effets est justement d'accroître la concurrence pour les biens rares.

Les processus décrits ci-dessus sont d'autant plus importants qu'est grande la concurrence pour les biens rares (emplois, logement, scolarité, santé, etc.). Les périodes de crises pouvant se décrire également comme raréfaction plus grande de biens déjà rares, elles sont propices à la hausse de l'antagonisme idéologique, surtout lorsque les discours publics, politiques et médiatiques font des populations issues de l'immigration postcoloniale des prétextes à des débats écrans visant à masquer des choix économiques et leurs conséquences. La fonction de « bouc émissaire » en période de crise n'est pas le résultat d'une bêtise ou des mentalités racistes des dominants ou des dominés mais la réponse nécessaire du besoin de masquer la raréfaction des biens rares.

Les discriminations racistes et leurs effets matériels ont un effet double sur la perception de soi qu'ont les différents groupes sociaux. Elles suscitent un besoin de distinction sociale, approfondissent une frontière de couleurs en lieu et place d'une frontière sociale dans le groupe majoritaire ou plus exactement dans certains de ses segments. Ce besoin de distinction produit par cette ethnicisation des grilles de lecture de la réalité sociale a des significations différentes selon les segments du groupe majoritaire. Pour la grande majorité, le besoin de distinction est relativisé par des contre-tendances : prégnance de la vie commune et des expériences communes, hostilité envers « les riches » inscrite dans la culture ouvrière, héritage de consciences politiques expliquant le « racisme » comme division voulue de la classe ouvrière, etc. La réalité des quartiers populaires est donc diverse.

Les segments les moins touchés par la paupérisation et la précarisation disposent encore de ressources pour mettre en œuvre des stratégies de fuite (des quartiers populaires par le biais du logement, stratégie scolaire de fuite des établissements dits « à problème », etc.). Les segments les plus touchés, eux, sont contraints de demeurer dans ces espaces qu'ils jugent porteurs d'indignités. L'effet de cet enracinement subi est de nouveau dans la construction d'une distance psychologique avec les minoritaires : l'accroissement de l'antagonisme idéologique. Donc, il faut ici rétablir l'ordre des causes et des conséquences : ce sont la paupérisation et la précarisation des milieux populaires qui en produisant une ethnicisation de la vie sociale suscitent une ethnicisation des grilles de lecture de la réalité sociale et non l'inverse.

Du côté des minoritaires, la même ethnicisation des grilles de lecture et des images de soi aura tendance à se développer pour exactement les mêmes raisons. Se définir comme « arabe » ou « noir » ou musulman » reflète l'idée d'une communauté d'oppressions subie, de discriminations subies, de destins inégaux communs. C'est une nouvelle fois l'expérience concrète et matérielle d'un destin séparé du fait des discriminations subies qui conduit aux mutations des discours sur soi et non ces derniers qui produisent la distance sociale. Celle-ci est à l'origine du processus et non un résultat.

C'est à ce niveau qu'il convient, selon moi, d'introduire le concept d'« avantage » pour saisir réellement les discriminations racistes. Bien entendu cela ne signifie pas que les milieux populaires blancs font partie d'un groupe privilégié essentialisé et homogénéisé. Le concept d'« avantage » est un concept relationnel : il ne peut se définir que de manière comparative. L'ouvrier blanc est, certes, exploité mais il bénéficie (sans l'avoir demandé) de la distance sociale produite par les discriminations racistes. Pour éviter toute démarche moralisatrice et accusatrice, il convient à ce niveau d'apporter une précision essentielle :

les avantages en question n'existent pas à l'échelle macro-sociale et sur le long terme.

Cette différence essentielle entre le vécu de court terme et l'échelle micro-sociale (celle des trajectoires individuelles) et l'échelle macro (celle du système social) et du long terme est une des ruses sociales du système. Les effets macro-sociaux et de long terme de l' «avantage» produisent une paupérisation accrue de tous, minoritaires comme majoritaires. La réalité sociale ne fonctionne ainsi pas selon la logique simpliste des vases communicants entre deux catégories. Ainsi une étude états-unienne d'A. Szymanski s'est attachée à comparer la situation des travailleurs noirs et blancs dans les 50 états. Elle débouche sur la conclusion suivante :

« *Plus les salaires des Noirs sont proches par rapport à ceux des Blancs dans un État donné des USA, plus les salaires des Blancs sont élevés par rapport à ceux des autres Blancs des autres états* »[91].

Les discriminations racistes produisent et reproduisent un ensemble de statuts sociaux inégaux systématiquement entretenus ayant pour effet de masquer la répartition macro-sociale des salaires et des profits en focalisant l'attention sur la répartition interne aux milieux populaires des revenus, des emplois et des autres biens rares. Autrement dit, plus les discriminations racistes sont importantes, plus la pauvreté est importante pour les Blancs. Introduire le concept d'« avantage » dans l'analyse des discriminations racistes ne conduit donc pas de manière moraliste à demander un « renoncement » à ces avantages.

Sur le court terme néanmoins ces « avantages », illusoires sur le long terme et à l'échelle macro-sociale, ont des effets concrets conduisant à la production d'une distance sociale objective. Elle produit l'illusion d'une communauté imaginaire entre « Blancs » qui serait marquée par une solidarité horizontale, d'une part et dans les périodes de paupérisation elle conduit à l'idée que celle-ci est liée à l'accès des non-Blancs aux biens rares d'autre part. En ce qui concerne les minoritaires, ces

---

[91] "The narrower the gap between white and black wages in an American state, the higher white earnings were relative to white earnings elsewhere". A. Szymanski, "Racial discrimination and White gain", in *American Sociological Review*, 41, n°3, 1976, pp.403-414, p.412.

« avantages » auxquels ils n'ont pas accès les amènent à rabaisser les seuils de prétention en termes de salaire, de revenu, d'accès à d'autres biens rares. Les discriminations racistes sont une machine à produire de la résignation pour les membres du groupe minoritaire.

Complétons le tableau systémique en y ajoutant l'espèce de consolation imaginaire de se sentir membre d'un groupe social valorisé. Pour être imaginaire cette consolation n'en a pas moins des effets concrets dans la quotidienneté pour les minoritaires : discours médiatiques et politiques stigmatisants, contrôles de police plus fréquents, racisme aux guichets, etc. Enfin les discriminations racistes dans les services et institutions publics conduisent à une sorte de « privilège de s'identifier » pour les uns et au sentiment de négation sociale pour les autres. Les discriminations racistes supposent pour se reproduire un rabaissement pour le groupe minoritaire et une valorisation pour le groupe majoritaire.

Les liens entre question sociale et question raciale ne sont pas appréhendables sans prendre en compte cette base matérielle que nous avons tenté de résumer : si la question raciale est une des modalités de gestion de la question sociale (il en est de même pour les sexes et les âges), une telle modalité conduit la question sociale à se transformer dans les faits (ethnicisation des processus sociaux) et dans les idées (ethnicisation des grilles de lecture) en question raciale. Le processus est en grande partie invisibilisé par deux facteurs. Le premier est la négation des discriminations racistes hier et leur euphémisation et/ou réduction aux discriminations directes et/ou à leurs explications culturalistes, etc., aujourd'hui. Le second facteur est l'occultation de la dimension systémique et de l'instance matérielle par ceux qui mettent en avant une dimension uniquement raciale. Ne percevoir que le moment racial du processus ou que le moment social conduit à la même invisibilisation ou à la même incompréhension du système social de discrimination raciste.

Les imaginaires de légitimation

Il existe donc une base matérielle aux discriminations racistes. Cela n'explique cependant pas l'appareillage mental de légitimation et son succès. Cela n'explique pas non plus la différence d'appareillage mobilisée pour les immigrations européennes et les immigrations postcoloniales ayant pour effet pour ces dernières de produire cette catégorie illogique : des Français traités socialement en étrangers. Pour qu'un tel système discriminatoire puisse se développer, il faut qu'il apparaisse comme légitime, naturel et/ou culturel au sens de culture essentialisée, produit par les comportements des « victimes » et non par les règles du système. Autrement dit, il faut qu'existe un groupe social perçu comme n'appartenant pas au « nous », appréhendé comme s'en différenciant essentiellement, construit pour empêcher les identifications, etc.

Chaque période historique emprunte donc aux périodes antérieures les ingrédients de ses discours idéologiques. Cet emprunt n'est pas une simple photocopie mais une actualisation et une mise à jour permettant de le mettre au service du présent et des inégalités qui le caractérisent. Ce processus est pour moi pertinent tant pour les discriminations racistes que pour les autres et plus particulièrement celles qui ont un caractère systémique. Ainsi les discriminations sexistes connaissent le même processus de recyclage/ actualisation des idées patriarcales qui ont marqué les périodes antérieures de notre histoire. Comme le soulignait déjà Marx :

« Les hommes font leur propre histoire, mais ils ne la font pas de plein gré, dans des circonstances librement choisies ; celles-ci, ils les trouvent au contraire toutes faites, données, héritage du passé. La tradition de toutes les générations mortes pèse comme un cauchemar sur le cerveau des vivants »[92].

Il faut donc s'interroger sur les éléments de l'appareillage mental hérité des « générations mortes » au moment où l'immigration postcoloniale se substitue aux immigrations européennes. Or à ce moment historique précis, les décennies 60 et 70, il n'y a pas d'accès à l'immigration postcoloniale qui ne soit profondément marqué par le savoir colonial. Il n'est dès lors pas étonnant que l'imaginaire colonial soit celui qui ait été mobilisé à des fins d'actualisation/ recyclage. Il n'y a pas besoin pour comprendre ce processus d'introduire un quelconque plan machiavélique. Ce sont bien des besoins de légitimation d'inégalités d'aujourd'hui qui expliquent la mobilisation de cet imaginaire disponible et non le recyclage de cet imaginaire qui explique les discriminations

---

[92] K. Marx, « Le 18 brumaire de Louis-Napoléon Bonaparte », in *Les Luttes de classes en France*, Paris, Gallimard, collection Folio-histoire, 1994, p.176.

racistes. Cet ordre des causes et des conséquences étant rétabli, l'imaginaire remobilisé n'est pas inactif et contribue à la reproduction des inégalités.

✧

Les discriminations racistes contemporaines ont des spécificités en comparaison des oppressions et inégalités liées à la « race » des périodes précédentes. Elles ont la particularité de produire des « étrangers » de l'intérieur, c'est-à-dire d'élargir un traitement social spécifique et inégal jusque-là réservé aux « étrangers ». Elles ont la spécificité de reproduire de manière transgénérationnelle des assignations à des places sociales qui avaient tendance à disparaître avec la durée du séjour et l'entrée dans la nationalité française. Analyser les discriminations racistes, c'est tenter de comprendre ce processus. Dans ce dessein, il faut, selon nous, analyser en premier lieu l'instance matérielle, c'est-à-dire la fonctionnalité économique et sociale du processus systémique. C'est la négation de cette instance et de cette fonction qui conduit à la thèse idéaliste expliquant les discriminations par les « mentalités » alors que ce sont ces dernières qui sont explicables par les discriminations racistes.

L'analyse ne peut donc pas se contenter de décrire les modalités d'interactions entre « majoritaires » et « minoritaires ». Les deux groupes sociaux étant produits pour les besoins d'un même système social, c'est dernières apparaissent alors pour ce qu'elles sont : un outil de mise en concurrence (réelle et/ou imaginaire) à base de production de statuts sociaux inégaux systémiquement entretenus. Cette production d'une société compartimentée a l'avantage de masquer la répartition macro-sociale des salaires et des profits en focalisant l'attention sur la répartition interne aux milieux populaires des revenus, des emplois et des autres biens rares.

Ces mécanismes ne sont pas le résultat d'un calcul machiavélique mais une production spontanée d'un système économique basé sur la recherche permanente d'une mise en concurrence de tous d'une part et de la nécessité de répondre aux contestations que produit le système d'autre part. Les imaginaires de légitimation apparaissent alors comme des résultats et non des causes. Empruntés aux « générations mortes », ils sont remobilisés/réactualisés pour rendre acceptable ce qui apparaîtrait autrement comme inadmissible.

« Il suffit d'observer la hiérarchie des tâches sur les chantiers d'aujourd'hui pour constater qu'entre Européens et Maghrébins ou Noirs, elle est la même qu'autrefois aux colonies ».

Marc Ferro, *Le livre noir du colonialisme*.

Conclusion

L'approche culturaliste dans ses différentes variantes reste le paradigme dominant dans l'explication du constat de Marc Ferro. Les discriminations racistes ne sont alors pas perçues comme rapport social mais comme résultat d'une inadaptation et/ou d'une intégration insuffisante. Pour illustrer l'impasse de cette logique, donnons la parole à un jeune issu de l'immigration postcoloniale fortement qualifié : « *Je suis docteur en CV* » disait-il de manière lapidaire pour résumer les réponses sociales obtenues à ce qu'il qualifiait de discrimination raciste. Il en était à son septième stage de préparation à l'emploi sous une forme ou sous une autre. L'approche culturaliste conduit inévitablement à des opérations visant à vouloir agir seulement sur les personnes, en lieu et place d'une interrogation des mécanismes producteurs d'inégalités. Elle réussit le tour de force de reconnaître les écarts de traitements tout en les imputant à des causes individuelles.

L'approche ouvriériste pour sa part absolutise et homogénéise la classe ouvrière et/ou les milieux populaires. Les discriminations racistes n'existent tout simplement pas ou sont secondarisées. Le souci d'une unité des « exploités » conduit à l'aveuglement sur la hiérarchisation produite socialement en leur sein. Illustrons une nouvelle fois en donnant la parole à la subjectivité : « *Je sais bien qu'il y a aussi des Blancs pauvres mais il faut reconnaître que nous sommes plus souvent que les autres dans le deuxième sous-sol* ». Ce syndicaliste décrivait ainsi ses difficultés à être compris de ses camarades lorsqu'il mettait en avant la question des discriminations racistes. L'approche ouvriériste conduit ainsi inévitablement à une euphémisation et/ou une dilution des discriminations racistes dans une question sociale abstraite.

Les limites de ces deux paradigmes ne peuvent être dépassées qu'en introduisant l'instance matérielle et la fonctionnalité sociale des discriminations racistes. Ces dernières sont un mode de gestion du rapport de classes à base de production systémique et systématique de statuts sociaux inégaux. Si au niveau de chaque trajectoire et du court terme ce sont les « avantages » des uns et les « désavantages » des autres qui apparaissent comme essentiels, au niveau macro-social et de long terme c'est une tendance à l'alignement par le bas de tous, minoritaires comme majoritaires qui se révèle. « *Tu te rends compte, malgré mes diplômes, j'en arrive à être satisfait d'avoir un emploi identique à mon père immigré analphabète* », résumait un jeune diplômé issu de l'immigration postcoloniale pour décrire la réduction contrainte de son champ des possibles et de prétentions.

Il fallait faire ce détour par les logiques permettant de penser la question pour pouvoir analyser les réponses dominantes qui sont aujourd'hui proposées : la victimisation, la diversité, le CV anonyme, les exemples de réussites, l'égalité des chances, etc. Notre seconde partie s'attache à cette déconstruction en ayant toujours comme porte d'entrée la fonctionnalité sociale.

Les masques idéologiques

« La seconde ligne directrice qui oriente ma démarche implique que, tout en me concentrant sur les rationalités dominantes, celles qui ont produit le sexisme et le racisme, je m'attache principalement aux crises que traversent ces rationalités, plutôt qu'à leur logique implacable, à leur fonctionnement optimal. Les moments critiques de ces rationalités attestent d'abord de leur historicité : violemment contestées ou tout simplement incohérentes et bancales, ces rationalités se sont réformées pour assurer la pérennité de leur domination. »

Elsa Dorlin, *La matrice de la race*.

Introduction

Aucune réalité de domination et d'inégalité systémique n'existe durablement sans susciter des résistances. Aucune idéologie dominante, aussi raffinée soit-elle, ne peut empêcher les êtres humains de percevoir par leur expérience concrète les traitements inégaux qu'ils subissent. Le fait que les prises de conscience soient fréquemment partielles, embryonnaires, non construites, insuffisamment développées dans la saisie des causes, des mécanismes, des conséquences et des logiques argumentaires, etc., n'empêche pas leur existence. Que les dynamiques d'actions qui en découlent, individuelles ou collectives, soient souvent de simples réactions, éparpillées, sans cibles précises, etc., ne signifie pas qu'elles n'ont aucun effet. Le penser serait oublier qu'une idéologie dominante a besoin pour fonctionner, pour jouer sa fonction sociale, pour devenir une force matérielle, etc., d'être crédible aux yeux des dominés, qui pour notre objet sont certes d'abord les membres du groupe minoritaire mais également de la majorité du groupe majoritaire.

De surcroît, la dénonciation du système discriminatoire a pris des formes plus structurées, plus organisées, plus collectives, plus nationales, etc., ces dernières décennies : Marche pour l'égalité et contre le racisme, Convergence 84, Divergence 85, Mémoire fertile, Mouvement de l'immigration et des banlieues (MIB), listes motivées aux élections locales, appel des Indigènes de la République (MIR), etc., pour nous limiter aux expressions de l'échelon national. Toutes ces prises de parole en dépit de leurs divergences et de leur hétérogénéité ont en commun une dénonciation des discriminations racistes systémiques et une explication de celles-ci démasquant l'appareillage mental des paradigmes culturaliste et ouvriériste. Ces mouvements et ces prises de paroles nationaux ne sont à leur tour que le résultat d'une mutation dans l'attitude des dominés, d'une transformation dans le rapport à la « violence atmosphérique »[93] que sont les discriminations racistes, d'une résistance du quotidien qui est en développement, etc.

Enfin les conséquences sur les trajectoires familiales et individuelles des discriminations racistes sont telles que des révoltes comme celle de novembre 2005 ne sont pas étonnantes. Mais surtout cette révolte des quartiers populaires a été précédée, depuis près de deux décennies, par

---
[93] F. Fanon, *Les Damnés de la terre*, Paris, La découverte, réédition, 2002.

des explosions partielles et localisées et a été suivie par les mêmes processus. Les appareils idéologiques d'État ne sont pas dupes d'une telle réalité. Ils ont d'excellents services leur permettant de ne pas confondre le discours qu'ils tiennent avec la réalité. Dans le même temps où ils adoptent des discours de fermeté et d'invalidation des contestations sociales, ils sont contraints de tenir compte de celles-ci. Les discours de légitimation sont contraints de se « *réformer pour assurer la pérennité de leur domination* » pour reprendre l'expression d'Elsa Dorlin.

L'ampleur des mutations du vocabulaire des logiques dominantes est un indicateur du caractère devenu insupportable des discriminations vécues pour des raisons tant objectives (leur massification et leur inscription dans la durée) que subjectives (le rapport que les victimes ont avec elles). C'est cette « novlangue » que nous allons tenter de déconstruire dans cette seconde partie.

« À l'extrême, le Nord-Africain est un simulateur, un menteur, un tire-au-flanc, un fainéant, un feignant, un voleur ».

Frantz Fanon, *Le syndrome nord-africain.*

Chapitre 1 : La victimisation ou la grille de lecture du malade imaginaire

Un des aspects nouveaux de ces dernières années est la reconnaissance publique de l'existence de processus discriminatoires que l'on annonce vouloir combattre et inscrire dans les priorités de l'action publique. Les prises de parole se sont multipliées sur cet aspect, des institutions ont été fondées (la HALDE par exemple), des plans censés donner « espoir » à la banlieue ont été annoncés, des diagnostics locaux portant sur les discriminations ont été financés, etc. Les textes de lois précisent même que la cible ne peut pas se limiter aux discriminations directes mais qu'il faut combattre les discriminations indirectes, institutionnelles, etc. Officiellement la posture de négation n'est plus de mise.

Cependant même au moment où le débat est à son acmé dans le discours politique, médiatique, savant, etc., la lutte contre les discriminations racistes (avant même qu'elle n'ait pu se déployer) est accompagnée d'un appel à la suspicion et à la méfiance. Ce dont il faut se méfier c'est de la… victimisation. Du plus haut sommet de l'État au moindre guichet, en passant par des élus, des travailleurs sociaux, etc., chaque dénonciation d'une discrimination vécue rencontre la thèse de la victimisation. Les discriminations racistes sont désormais reconnues mais n'ont aucune traduction concrète dans les trajectoires individuelles : telle est le paradoxe auquel conduit la thèse de la victimisation. Nous nous proposons de regarder tout cela de plus près.

L'histoire récente du concept

Le concept a une histoire récente que Mona Cholet[94] a reconstruite en rappelant sa naissance sous la plume de Pascal Bruckner en 1995 puis sa

---

[94] M. Cholet, *Rêves de droite*, Paris, Éditions Zones, 2008.

popularisation par Elisabeth Badinter en 2003 afin de s'opposer aux « excès du féminisme ».

Pascal Bruckner fait partie du courant des « nouveaux philosophes » qui a accompagné le retournement des rapports de forces sociaux dans la décennie 80 et sa traduction politique : le libéralisme. Dès 1983 son *Sanglot de l'homme blanc*[95] pose les idées clefs de son raisonnement : l'Occident vit depuis les décolonisations sur l'idée erronée d'une dette à l'égard du tiers-monde ; cela le conduit à se considérer comme responsable des souffrances vécues par les pays du Sud aujourd'hui ; l'origine de cette idée erronée est une tendance à l'auto-flagellation révélant un sentimentalisme aveugle. Assez de sentimentalisme donc, oublions les effets durables de l'esclavage et de la colonisation sur les économies et les cultures, n'accordons pas d'intérêt aux travaux sur l'économie mondiale mettant en évidence qu'il fonctionne sur la base d'un « marché inégal » ; ne prêtons pas crédit à la réalité de la Françafrique, etc. Tout cela ne serait qu'auto-flagellation.

Ce raisonnement est développé dans un autre essai *La Tentation de l'innocence*[96] paru en 1995. En partant toujours du même sujet abstrait, « l'homme occidental », Bruckner développe son diagnostic : l'homme occidental est marqué par deux caractéristiques, la victimisation et l'infantilisation; la victimisation est la fuite des responsabilités conduisant à une exigence enfantine de satisfaction immédiate des besoins ; l'infantilisation décrit ce désir de garder une place d'enfant sans accepter la maturité, ses contraintes et ses responsabilités. La logique du raisonnement et ses conclusions sont à inscrire dans le contexte historique de la décennie 90 : restructuration économique se traduisant par des licenciements et des privatisations d'une part et mouvement social d'opposition à ces politiques d'autre part. Mais bien sûr cela n'a rien à voir. La révolte des quartiers populaires de novembre 2005 et les dénonciations des discriminations racistes ne pouvaient pas laisser Pascal Bruckner indifférent. Son livre *La Tyrannie de la pénitence*[97] fustige les

---

[95] P. Bruckner, *Le Sanglot de l'homme blanc*, Paris, Le Seuil, collection « L'Histoire immédiate », 1983. Le titre de l'ouvrage de Bruckner est la reprise de celui d'un poème de l'écrivain britannique Rudyard Kipling soutenant la colonisation des Philippines.
[96] P. Bruckner, *La Tentation de l'innocence*, Paris, Grasset, 1995.
[97] P. Bruckner, *La Tyrannie de la pénitence, essai sur le masochisme occidental*, Paris, Grasset, 2006.

« demandeurs de réparations » s'appuyant sur le sentiment de culpabilité de l'éternel sujet abstrait « l'homme occidental ».

La thèse de la victimisation dans la logique de Pascal Bruckner n'est rien d'autre que la négation de l'existence des discriminations : l'exigence de traitement égal est réduite à une « demande de réparation » infondée. Il n'est dès lors pas étonnant que Sarkozy lui-même reprenne explicitement cette logique. Son discours d'Agen du 22 juin 2006 célébrant « la France qui veut travailler » précise qu'elle s'oppose : « *à ceux qui ont délibérément choisi de vivre du travail des autres, ceux qui veulent tout, tout de suite sans rien faire* ». Et pour qu'il n'y ait aucune ambiguïté dans la cible, il poursuit sa tirade en précisant :

« *Ceux qui au lieu de se donner du mal pour gagner leur vie préfèrent chercher dans les replis de l'histoire une dette imaginaire que la France aurait contractée à leur égard et qu'à leurs yeux elle n'aurait pas réglée, ceux qui préfèrent attiser la concurrence des mémoires pour exiger une compensation que personne ne leur doit plutôt que de chercher à s'intégrer par l'effort et par le travail, ceux qui n'aiment pas la France, ceux qui exigent tout d'elle sans rien lui donner, je leur dis qu'ils ne sont pas obligés de demeurer sur le territoire national.* »

Elisabeth Badinter reprend la thèse de la victimisation pour l'appliquer au féminisme qui, selon elle, fait « fausse route »[98] : le féminisme contemporain victimiserait les femmes ; il diaboliserait la sexualité masculine, instaurerait « un nouvel ordre moral », ne parlerait que des femmes victimes en occultant les femmes qui réussissent et en définitive alimenterait la dangereuse « guerre des sexes ». Voici comment elle précise son concept de victimisation et les raisons de son soi-disant développement :

« *Le fait est que l'on a compris en Occident – depuis 15 ans, Pascal Bruckner l'a très bien montré – que pour gagner la sympathie du public et gagner l'opinion à sa cause, il faut se présenter comme une victime. Il n'y a rien de plus odieux qu'une héroïne ou qu'un peuple orgueilleux, sur de lui et dominateur...On peut donc voir là une stratégie consciente ou pas, chez les féministes comme chez les Palestiniens. Quiconque veut*

---

[98] E. Badinter, *Fausse route*, Paris, Odile Jacob, 2003.

accrocher la sympathie de l'opinion publique nationale, et même mondiale, a tout intérêt à se présenter comme victime »[99].

La thèse de la victimisation comporte une série d'opérations réductrices qui peuvent s'appliquer à toutes les dominations et inégalités pour invalider leur contestation : occultation des systèmes de pouvoirs et des déterminants socio-économiques renvoyant les explications des comportements à la seule sphère de la volonté individuelle (quand on veut, on peut, n'est-ce pas ?) ; imputation à celui qui dénonce une situation inégalitaire de la responsabilité de celle-ci (guerre des sexes, communautarisme, lutte des classes) ; mise en avant des « exemples de réussite » pour nier l'existence d'une systémie de « l'échec » ; implicite de pathologisation et de psychologisation et enfin invalidation par l'argument de « pensée unique » pour les discriminations racistes et de « nouvel ordre moral » pour les féministes.

La victimisation n'est donc qu'une des formes les plus récentes du clinicisme, opération consistant à dépolitiser une situation (et donc à la nier) en la renvoyant à une explication de type psychologique. L'utilisation plus récente du concept de « ressentiment » en lieu et place de celui de victimisation ne change rien au processus. Il marque simplement l'impossibilité de nier entièrement les discriminations vécues. Dès lors, elles seront renvoyées dans le passé de la personne ou dans le passé collectif. Ainsi le préfixe « re » désigne la reconnaissance d'une injustice passée mais qui est considérée comme ayant trop d'impact sur le présent, comme le marquant exagérément et pathologiquement. Cette impossibilité de se détacher des expériences individuelles ou collectives du passé susciterait de la rancune, de la rancœur, de la passivité, etc.

La pathologisation et la psychologisation des explications comme processus d'invalidation d'une plainte, d'une exigence ou d'une revendication concernent l'ensemble des processus inégalitaires. Elles utilisent des arguments et des logiques similaires et débouchent sur les mêmes postures dans le rapport aux sujets : méfiance et doute pour le mieux. Mais l'histoire récente du concept que nous venons de rappeler n'est que la forme contemporaine du processus de pathologisation et de

---

[99] E. Badinter, « La Victimisation est aujourd'hui un outil politique et idéologique », in *l'Arche*, n° 549-550, novembre-décembre 2003.

psychologisation. Rappelons quelques-unes des étapes de ce processus concernant les ascendants de Français issus de l'immigration postcoloniale.

Une histoire plus ancienne du concept

Frantz Fanon rappelle dans son livre *Les Damnés de la terre* la prégnance de la pathologisation pour décrire le comportement de l'Algérien :

« *C'est ainsi que les médecins algériens diplômés de la Faculté d'Alger durent entendre et apprendre que l'Algérien est un criminel-né. Davantage, il me souvient de tel d'entre nous qui très sérieusement exposait ces théories apprises. Et d'ajouter : « C'est dur à avaler mais c'est scientifiquement établi ». (...) Le Nord-Africain aime les extrêmes, aussi ne peut-on jamais lui faire intégralement confiance. Aujourd'hui le plus ami, demain le plus ennemi. Imperméable aux nuances, le cartésianisme lui est fondamentalement étranger, le sens de l'équilibre, du pondéré, de la mesure heurte ses dispositions les plus intimes. Le Nord-Africain est un violent, héréditairement violent. Il y a chez lui une impossibilité à se discipliner, à canaliser ses impulsions. Oui l'Algérien est un impulsif congénital* »[100].

Il ne s'agit pas ici de propos marginaux mais du contenu de l'enseignement officiel de l'école psychiatrique d'Alger. Le tableau descriptif s'étend de la même façon à d'autres caractéristiques du « Nord-Africain » : une mélancolie qui ne conduit pas au suicide mais à l'homicide car « l'Algérien est rebelle à la vie intérieure » ; pas ou presque pas d'émotivité ; crédulité et susceptibilité ; entêtement tenace ; incapable de percevoir l'ensemble et la synthèse et n'appréhendant que le détail[101], etc. Frantz Fanon aborde ensuite un plan explicatif entièrement situé dans le biologisme :

« *Abandonnant le stade descriptif, l'école d'Alger aborde le plan explicatif. C'est en 1935 au Congrès des aliénistes et neurologistes de langue française qui se tenait à Bruxelles que le professeur Porot devait définir les bases scientifiques de sa théorie. Discutant le rapport de*

---
[100] F. Fanon, *Les Damnés de la terre*, (1961), Paris, La Découverte, 2002, p.287.
[101] *Ibid.*, p.288.

Baruk sur l'hystérie, il signalait que « l'indigène nord-africain, dont les activités supérieures et corticales sont peu évoluées, est un être primitif dont la vie essentiellement végétative et instinctive est surtout réglée par son diencéphale. Pour bien mesurer l'importance de cette découverte du professeur Porot il faut rappeler que la caractéristique de l'espèce humaine, quand on la compare aux autres vertébrés, est la corticalisation. Le diencéphale est l'une des parties les plus primitives du cerveau et l'homme est d'abord le vertébré où domine le cortex »[102].

Mais enfin cette biologisation de l'explication est une caricature renvoyant à la situation coloniale, nous dira-t-on. C'est faire œuvre de comparaison abusive que de rechercher un quelconque lien de parenté avec la victimisation. Cela est vrai et il n'existe quasiment plus personne assumant explicitement ces grilles de lecture du racisme biologiste. En particulier l'horreur du nazisme a décrédibilisé pour longtemps le racisme biologiste. Il sera remplacé par le culturalisme : la culture prend la place de la race, la psychologie celle de la biologie. Frantz Fanon analyse dans un autre texte de 1952 la théorie médicale du « syndrome nord-africain » qui, bien que n'ayant aucune base expérimentale, est mobilisée pour interpréter les discours des patients de cette origine. Voici comment il décrit l'exemple d'un de ses patients :

« Du service où je l'avais envoyé pour intervention probable, il me revient avec un diagnostic de « syndrome nord-africain ». (...). Aujourd'hui, le Nord-Africain qui se présente à une consultation supporte le poids mort de tous ses compatriotes. Tous ceux qui n'avaient que des symptômes, tous ceux à propos de qui l'on disait : « Rien à se mettre sous la dent » (Entendez : pas de lésion)... Le personnel médical découvre l'existence d'un syndrome nord-africain. Non pas expérimentalement, mais selon une tradition orale. Le Nord-Africain prend place dans ce syndrome asymptomatique et se situe automatiquement sur un plan d'indiscipline (cf. discipline médicale), d'inconséquence (par rapport à la loi : tout symptôme suppose une lésion), d'insincérité (il dit souffrir alors que nous savons ne pas exister de raison de souffrir »[103].

---

[102] *Ibid.*, p.289.
[103] F. Fanon, « Le Syndrome nord-africain » (1952), in *Pour la révolution africaine*, Paris, La Découverte, 2001, pp.18-19.

Bien sûr, lorsque l'on parle de discriminations racistes, la méfiance et le postulat d'insincérité ne s'argumentent pas d'une absence de lésion mais d'une absence de preuves. Pourtant hier l'on connaissait les difficultés matérielles d'existence de ces immigrés pouvant se traduire en « maladie sans lésion ». De même, aujourd'hui, on connaît les difficultés à faire la preuve d'une discrimination vécue. Dans les deux cas cependant, c'est une posture de doute et de méfiance qui détermine la relation sociale. Comme le souligne encore Frantz Fanon, le « *Nord-Africain, spontanément, du fait de son apparition, entre dans un cadre préexistant* »[104].

Mais enfin ce texte date de plus de cinquante ans. Nous n'en sommes plus là heureusement. Penser cela c'est de nouveau confondre une des formes de la logique du doute avec son fond. Ainsi la théorie de la « sinistrose » des immigrés postcoloniaux se substituera à celle du « syndrome nord-africain», en particulier en médecine du travail. Sous le diagnostic de sinistrose ou de névrose post-traumatique, ce qui est avancé c'est l'idée d'une attitude pathologique de l'accidenté du travail qui refuse de reconnaître sa guérison. En fonction des auteurs, le postulat de bonne foi sera posé (le refus de reconnaître la guérison est issu de la conviction sincère de ne pas avoir reçu une réparation juste du dommage) ou non (le refus est issu d'une attitude stratégique visant à éviter le retour au travail). Voici ce qui s'écrivait encore en 1985 sur la « sinistrose » dans la *Revue de médecine du travail* :

« *États dépressifs, hystériques, hypocondriaques et <u>revendicatifs</u> que le sujet extériorise par le biais de malaises somatiques, à caractère invalidant, qu'il impute <u>passionnément</u> aux lésions organiques, <u>réelles ou fantasmatiques</u> provoquées par un accident du travail, une maladie professionnelle ou tout autre événement vécu comme tel (...). Si la sinistrose camoufle des désordres profonds et définitifs de la personnalité (troubles de caractère, paranoïa), le pronostic est très défavorable. <u>C'est le cas des migrants totalement inadaptés à la vie dans le pays d'accueil, mais remarquablement « intégrés » aux rouages de la Sécurité sociale dont ils savent tirer les ficelles.</u> Lorsque la sinistrose prend la signification de maladie « refuge », le pronostic est moins*

---

[104] *Ibid.*, p.17.

grave. Il s'agit alors de conduites réactionnelles qui disparaissent avec les causes sociales, affectives et autres qui les ont motivées »[105].

La « sinistrose » décrit donc le passage d'une idée fausse à une idée fixe. L'implicite explicatif est celui d'une inadaptation essentielle et non les conditions matérielles d'existence et de travail et/ou l'expérience concrète du sujet. Elle conduit à un déni de la réalité de la guérison se traduisant par des « états revendicatifs ». Des inégalités de traitement expliquées par l'inadaptation des sujets, une idée fausse qui se transforme en idée fixe, une posture revendicative injustifiée, etc. : nous avons les mêmes ingrédients que ceux du discours sur la victimisation aujourd'hui.

La victimisation : une forme actualisée du déni

La thèse de la victimisation porte en implicite l'idée d'abus qu'il faudrait démasquer. N'oublions pas qu'une des sources de ce concept est liée au discours de guerre : dans le contexte de la Première Guerre mondiale, le « victimisé » était le simulateur mettant en avant une blessure ou un handicap afin de se soustraire au combat. Il fallait donc débusquer et démasquer ces tire-au-flanc. Toute personne se présentant comme « victime » est donc un « fraudeur » ou un simulateur mettant en avant une « idée fausse » pour obtenir des gains ou pour éviter un désavantage. Le « victimisé » utilise et manipule le statut de victime de manière stratégique. La seule posture adéquate est donc celle de la vérification, de la justification, du doute, de la suspicion, de l'exigence de preuves, etc.

Cette version « dure » de la thèse de la victimisation n'est pas possible dans toutes les circonstances. Des versions plus faibles apparaîtront prenant en compte les critiques faites au modèle initial. Le recours à la psychologisation permettra en particulier de se préserver de la critique d'une vision surestimant les intentionnalités des sujets. En ajoutant la formule « consciente ou inconsciente », l'illusion de prendre en compte la diversité des situations est possible mais avec un invariant dépassant cette diversité psychologique : une base erronée de perception de la réalité dénoncée par la « victime ». Une telle thèse conduit ainsi

---

[105] Z. de Almeida, « La sinistrose chez les immigrés », in *Revue de médecine du travail*, tome 3, N° 1, 1985, pp.37-41 ; souligné par nous.

logiquement à une logique de classement dans un système de catégories à trois composantes :

    le premier pôle de la catégorisation est celui des fraudeurs ayant une stratégie consciente de mensonge sur la réalité à des fins d'obtenir un gain et/ou un avantage ;

    le second pôle est celui des comportements pervers mais de bonne foi conduisant à une fausse interprétation de la réalité vécue afin de ne pas avoir à assumer les contraintes de la réalité, la responsabilité de ses propres échecs. La perception de la réalité est perçue comme sincère mais néanmoins erronée ;

    le troisième pôle est celui de la pathologie conduisant à des conduites névrotiques ou paranoïaques. L'idée fausse est devenue une « idée fixe » pour des raisons pathologiques.

Inutile de préciser que cette préoccupation du classement induite par la thèse de la victimisation épuise le temps et l'énergie et ne laisse plus beaucoup d'espace pour la lutte contre les discriminations. Elle fait bouger le caractère de la lutte en question : **la lutte contre la victimisation remplace la lutte contre les discriminations.** Cette opération de substitution d'un objet à un autre n'est pas neutre. Elle se réalise avec des effets sociaux précis tant dans l'explication de la réalité que dans les logiques d'actions qui en découlent :

    l'individualisation : l'ensemble de la question des discriminations n'est perçue que sous l'angle des individus conduisant ainsi à une dépolitisation de la question : il n'y a pas de système discriminant. Il ne subsiste que des sujets éprouvant un sentiment de discrimination ;

    la psychologisation : il s'agit d'accompagner le sujet pour qu'il sorte de son idée « fixe ». Comme cette dernière est basée sur une « idée fausse », il s'agira de le convaincre de sa perception erronée de la réalité. A la négation que constitue une discrimination vécue se rajoute ainsi une négation de la négation ;

    l'adaptation : la logique d'action qui s'impose alors est celle de l'adaptation du sujet et non celle du combat contre les discriminations. C'est le sujet qui est inadapté au contexte et non ce contexte qui est inégalitaire.

On comprend dès lors que certains organismes de formation et de consultance aient pu fleurir en venant offrir des logiques argumentaires et des « outils » pour aider à transformer ou à relativiser ces « idées fausses » qui se transforment en « idées fixes ». Voici par exemple un des éléments de l'argumentaire d'une formation proposée en Rhône-Alpes par le Comité de liaison pour la promotion des migrants et des publics en difficulté d'insertion et financé par le Service des droits des femmes et de l'égalité et l'ACSE :

« Ces journées souhaitent introduire la réflexion sur les modes actionnels les plus efficaces auprès des publics, en cohérence avec les objectifs phares des dispositifs dans lesquels elles s'inscrivent : insertion sociale et professionnelle, intégration dans la société d'accueil pour les migrants. Comment contribuer à la diminution des situations discriminantes sans accentuer les processus de ressentiment et de victimisation ? Comment relativiser sans nier ? »[106].

L'objectif des logiques d'action est donc ici de **« relativiser sans nier »** (c'est-à-dire de transformer la perception qu'a le sujet de la discrimination subie afin d'éviter que cela ne se transforme en « idée fixe ») afin de lutter contre **les processus de ressentiment et de victimisation.** On comprend dès lors que ce mode d'approche soit dominant dans la mesure où il ne gêne personne, ne remet en cause aucun des aspects inégalitaires du système social, se contente d'éviter des « dérives ». D'autres postures et logiques sont possibles mais sont particulièrement minoritaires. Elles supposent en effet une rupture avec la conscience mystifiée (et en particulier sa dimension d'inversion des causes et des conséquences), un centrage sur les mécanismes producteurs des discriminations, une logique non centrée sur l'adaptation, etc., bref une approche qui n'évacue pas les dimensions politiques et systémiques qui sont au cœur de l'objet. Citons un exemple de ces approches minoritaires :

---

[106] Document de présentation intitulé « *Pédagogie de l'égalité : prévention, lutte contre les discriminations et pédagogie de l'égalité en ASL* ».

« Il n'y a pas de problématique de « victimisation » : le problème des victimes est d'abord celui d'une violence et d'un déni de droit qui les exclut d'une égale citoyenneté politique. »[107]

Nos propos ne visent pas à nier l'existence de processus dans lesquels la violence est telle que le sujet finit par intégrer dans son psychisme la position de victime et à la rejouer perpétuellement en l'absence d'autres rôles possibles pour elle. Bien sûr que ces situations existent. Comme pour la « sinistrose », ce qui est problématique dans la thèse de la victimisation, c'est qu'elle est avancée comme grille explicative générale pour une catégorie entière. Même pour ces personnes, ce qui est appelé « victimisation » est un résultat et non une cause : résultat d'une discrimination subie actuellement ; résultat du cumul des discriminations au fur et à mesure d'une trajectoire ; résultat de discriminations observées dans les expériences des membres du ou des groupes d'appartenance ; expression d'appartenance à un groupe socialement, réellement et systémiquement discriminé sans avoir jamais vécu peut-être de situation de discrimination directe ou indirecte, mais forcément pris dans le jeu des mécanismes de discriminations systémiques de par cette appartenance. Même pour elles la reconnaissance de la cause est nécessaire pour pouvoir se penser autrement que comme victimes. Sans ce point de départ dans les causes structurelles, la lutte contre les discriminations est remplacée par la lutte contre la victimisation.

---

[107] Document intitulé « *Plan de lutte contre les discriminations de Saint-Priest* », [en ligne], mis en ligne le 19 décembre 2008, consulté le 24 décembre 2008, URL : http://repconnection.free.fr/IMG/article_PDF/ article_128.pdf

« Que nous donnera-t-on en 1965 ? Je viens de lire qu'il était question de faire entrer un Noir dans le cabinet. Mais oui, à chaque année son expédient. Ils vont choisir un de leurs « boys », un « boy » noir, et le nommer membre du cabinet : il pourra ainsi se promener dans Washington un cigare au bec – du feu à un bout et un idiot à l'autre ».

Malcom X, *Le pouvoir noir*.

Chapitre 2 : Le tokénisme ou l'arbre qui cache la forêt

La thèse de la victimisation ne se suffit pas à elle-même. Pour bénéficier d'une crédibilité, elle nécessite la mise en évidence de la « réussite » de ceux qui ne victimisent pas, de ceux qui n'imputent pas aux discriminations la responsabilité de leurs difficultés. La mise en évidence des « exemples de réussite » est ainsi fréquente dans les actions « de lutte contre les discriminations ». La thèse complémentaire des « exemples de réussites » est une nouvelle négation du caractère systémique des discriminations et une nouvelle imputation aux individus de la responsabilité d'une situation inégale. Bien que complémentaire, elle n'est pas secondaire. Elle est portée au plus haut sommet de l'Etat. Elle donne lieu à des cérémonies, des prix et des mises en scène de « valorisation ».

Ici non plus, il n'est pas inutile de rechercher les contextes historiques d'une telle approche. Il apparaît alors que cette thèse a accompagné tous les moments historiques dans lesquels le besoin de masquer une inégalité massive était présent. La radicalisation du mouvement ouvrier, celle du mouvement des femmes pour l'égalité, celle des colonisés contre l'oppression, etc., ont systématiquement donné lieu à la mise en exergue des « exemples de réussites ». C'est ce processus qui est dénommé « tokénisme », c'est-à-dire l'ouverture à la marge d'un système de domination pour mieux se perpétuer. Nous nous proposons de regarder tout cela de plus près.

Quelques éléments d'histoire de la logique capacitaire

La mise en exergue des « exemples de réussites » comme axe de la politique publique a, bien entendu, des précédents historiques. Ce n'est cependant pas un invariant qui caractériserait toutes les sociétés à toutes les époques. Le besoin d'un tel outil suppose que la règle pose l'égalité formelle de tous. Les exemples de réussites servent alors à « expliquer » l'écart entre la règle et la réalité. La Déclaration des droits de l'homme et du citoyen de 1789 pose cette affirmation de principe :

« Tous les citoyens, étant égaux à ses yeux, sont également admissibles à toutes les dignités, places et emplois publics, selon leur capacité et sans autre distinction que celle de leurs vertus et de leurs talents »[108].

C'est en s'appuyant sur cette égalité de principe que se déploient les luttes (des esclaves, des travailleurs, des femmes, des colonisés, etc.) pour dénoncer l'écart entre la règle posant l'égalité et la réalité constituant l'inégalité. Il n'est dès lors pas étonnant que le discours de légitimation s'affine et se précise dans les périodes de luttes sociales intenses. C'est le cas en particulier après la grande peur qu'a constituée la « Commune de Paris » pour les classes dominantes. Certes elle a été vaincue mais personne ne s'illusionne sur l'efficacité à long terme de la seule répression. Le fondateur de l'Ecole libre des sciences politiques, Emile Boutmy, ne cache pas le lien entre la Commune de Paris et la fondation de son école. Il s'agit de justifier l'inégalité dans un système posant l'égalité comme règle. L'école qui deviendra ensuite notre « Sciences Po » d'aujourd'hui a pour vocation de préserver une « hégémonie politique » :

« L'enseignement nouveau s'adresse aux classes qui ont une position faite et le loisir de cultiver leur esprit. Ces classes ont eu jusqu'ici la prépondérance politique, mais elles sont menacées...Contraintes de subir le droit du plus nombreux, les classes qui se nomment elles-mêmes les classes élevées ne peuvent conserver leur hégémonie politique qu'en invoquant le droit du plus capable. Il faut que derrière l'enceinte croulante de leurs prérogatives et de la tradition, le flot de la démocratie

---

[108] Déclaration des droits de l'homme et du citoyen, in Jean Jaurès, *Histoire socialiste de la révolution française*, tome 1, Paris, Editions Sociales, 1973, p.291.

se heurte à un second rempart fait de mérites éclatants et utiles, de supériorités dont le prestige s'impose, de capacités dont on ne puisse pas se priver sans folie »[109].

Nous avons développé dans d'autres travaux la déconstruction de cette logique capacitaire[110]. Soulignons juste ici que Emile Boutmy n'est pas isolé dans cette production du « droit des plus capables ». François Guizot, Ernest Renan, Paul Leroy-Beaulieu, etc., soutiennent son initiative. Pour sa part Littré défendra quelques années plus tard, en 1880, la nécessité en démocratie de fonder une « aristocratie ouverte » en comparaison avec celle de l'Ancien Régime qui était « fermée ». Tout est désormais posé : logique capacitaire, critère du mérite, mise en avant d'exemples de réussites, etc. La remise de prix aux « meilleurs ouvriers », la promotion d'ouvriers aux postes de contremaîtres et/ou de maîtrise, la publicité autour d'exemples de réussites et de promotions sociales, etc., toutes ces pratiques se développent avec deux objectifs étroitement liés : la production idéologique d'une réussite méritée et donc conjointement la production tout aussi idéologique d'une pauvreté méritée. Le mérite[111], individuel bien sûr, est ainsi le concept clef de la logique capacitaire. Il n'est cependant pas univoque et connaît des variations selon les rapports de forces entre classes sociales. La connotation vers plus ou moins de « darwinisme social » sera fonction de ces rapports de forces.

Le système colonial sera notre second exemple historique de l'utilisation des « exemples de réussite » comme catégorie du discours politique et des politiques publiques. Ici la règle n'est pas l'égalité mais l'égalité potentielle. La différence est essentielle :

« Jusqu'en 1946, la caractéristique principale de leur situation juridique est la dissociation entre nationalité et citoyenneté : ressortissants de l'État français, les indigènes des colonies sont des nationaux, privés des droits du citoyen et soumis à un régime

---

[109] Cité dans P. Faure, « Les Sciences d'État entre déterminisme et libéralisme. Émile Boutmy (1835-1906) et la création de l'école libre de science politique », in *Revue de sociologie française*, année 1981, volume 22, n° 22-23, p.433.
[110] A. Cordeiro, M. Roux et S. Bouamama, *La Citoyenneté dans tous ses états*, Paris, L'Harmattan, 1991.
[111] Cf. sur l'histoire de ce concept l'ouvrage d'O. Ihl, *Le Mérite et la République,* Paris, Gallimard, 2002.

disciplinaire spécifique et extrêmement répressif, le « Code de l'indigénat » »[112].

Cette différence essentielle ne remet cependant pas en cause la logique capacitaire et ses concepts centraux, la capacité et le mérite. Au contraire elle les renforce. Ainsi l'entrée dans la citoyenneté des « indigènes évolués » est-elle l'objet d'une énumération des critères cumulatifs pour faire partie de la catégorie des méritants. Il faut donc d'abord mériter la citoyenneté française avant que de postuler à être un « exemple de réussite » :

« Comme dans le cas de la naturalisation des étrangers l'accès à la cité suppose que soient remplies des conditions d'âge (21 ans) et de « moralité et de loyalisme » qu'une enquête administrative doit apprécier. Mais, à la différence des textes sur la naturalisation en métropole, qui restent évasifs, les éléments constitutifs de ces qualités sont très soigneusement précisés. Les candidats doivent être « de bonne vie et mœurs » mais aussi « justifier de moyens d'existence certains ». Le loyalisme s'estime à travers un certain nombre de comportements : avoir fait preuve de dévouement aux intérêts français, avoir occupé avec mérite pendant dix ans un emploi dans une entreprise française publique ou privée, avoir rempli ses obligations militaires s'il y a lieu, avoir servi la France avec mérite et dévouement pendant dix ans, soit dans l'armée de terre ou la marine, soit dans des emplois ou fonctions civils ; avoir rendu à la France des services signalés qui ont valu au candidat une haute distinction (légion d'honneur, médaille militaire, etc.), ... En outre, des conditions absentes des textes sur la naturalisation des étrangers avant 1945 apparaissent dans le droit de la citoyenneté aux colonies : elles renvoient aux « preuves » de l' « assimilation » des candidats à la civilisation française »[113].

Le mérite se dédouble en deux niveaux pour les « indigènes évolués » : le mérite d'avoir réussi la rupture avec une culture et un groupe d'appartenance et le mérite lié à l'effort personnel en matière scolaire par exemple. Le cumul de ces deux niveaux conduit à une

---

[112] E. Saada, « Une nationalité par degré- Civilité et citoyenneté en situation coloniale », in Patrick Weil et Stéphane Dufoix, *L'Esclavage et la colonisation et après...*, Paris, PUF, 2005, p.193.
[113] *Ibid.* pp.217-218.

véritable contradiction dans les fonctions que l'on attend de cette « élite » :

D'une part se déploie une attente de preuves : l'assimilation est-elle réelle, profonde et totale ? L'indigène évolué est sans cesse dans une situation de « prouver » encore plus son premier mérite, sans cesse contraint de renforcer son allégeance, sans cesse mis à l'épreuve pour vérifier la réalité de ses capacités. Octave Depont en consacre une partie entière de son ouvrage célèbre L'Algérie du centenaire avec une conclusion éclairante :

« Ils n'ont, en général, des « élites » que les apparences et de notre civilisation, quand ils s'évertuent à la copier, qu'un vernis souvent inconsistant »[114].

Abelmalek Sayad a souligné l'existence d'un processus similaire pour les jeunes Français issus de l'immigration postcoloniale, cette fois-ci autour des preuves à fournir de… leur intégration :

« L'invite à l'intégration, la surabondance du discours sur l'intégration ne manquent pas d'apparaître aux yeux des plus avertis ou des plus lucides quant à leur position au sein de la société et en tous les domaines de l'existence, comme un reproche pour manque d'intégration, déficit d'intégration, voire comme une sanction ou un parti pris sur l'intégration « impossible », jamais totale et jamais totalement et définitivement acquise »[115].

Cette exigence infinie de preuves d'assimilation et/ou d'intégration est complétée par une autre : demeurer en lien avec le groupe d'appartenance pour pouvoir l'influencer. Le rapport à l'élite indigène coloniale est ainsi inscrit dans une injonction paradoxale. Voici par exemple une critique qui leur est faite en 1952 par un auteur qui reconnaît pourtant leurs « mérites » et leurs « capacités » :

« Les qualités des évolués, les aptitudes dont ils font preuve dans les places qu'ils occupent, ne dissimulent pas quelques-uns de leurs défauts, dont le principal, déjà indiqué, est de se séparer de plus en plus de la

---

[114] O. Depont, *L'Algérie du centenaire*, Paris, Sirey, 1928, p.101.
[115] A. Sayad, « Le Poids des mots », in *La Double absence*, Paris, Le Seuil, 1999, p.314.

masse et de négliger trop souvent leurs devoirs envers des congénères moins favorisés, qu'ils devraient dans beaucoup de cas, mieux aider à progresser. Or l'humanité ne peut se faire si les plus forts, les plus habiles, les mieux instruits abandonnent le peloton au lieu de communiquer aux autres la « vertu de connaître » qu'ils possèdent et de les y faire participer »[116].

Cette injonction paradoxale révèle la dimension systémique des « exemples de réussites » : la mise en scène de la « réussite » de certains masquait hier les résultats réels de la colonisation et aujourd'hui cette même mise en spectacle cache la réalité d'une reproduction statistique des inégalités sociales et des discriminations racistes.

Une fonctionnalité systémique : le tokénisme

Le concept de « tokénisme » est issu de la recherche sur la citoyenneté, le pouvoir et la participation. Sherry R. Arnstein[117] propose ainsi une typologisation de la participation avec des niveaux allant de la plus factice à la plus réelle. Cette échelle de participation comporte 8 niveaux : les deux premiers désignent une non-participation (ils sont dénommés la manipulation et la thérapie) ; les trois derniers expriment une participation réelle (dans l'ordre ascendant de participation : l'association partenarial, la délégation de pouvoir et le contrôle direct du citoyen) ; les trois niveaux intermédiaires sont dénommés « tokénisme » (toujours par ordre ascendant : l'information, la consultation, l'apaisement).

Le tokénisme renvoie donc au caractère plus ou moins réel ou au contraire plus ou moins factice de la participation. Appliquant le concept à la question des groupes minoritaires dans l'entreprise, Rosabeth Moss Kanter[118] développe le raisonnement suivant : appartenir à une minorité dans une organisation a des incidences importantes à la fois sur la carrière et sur le comportement des membres du groupe majoritaire comme du groupe minoritaire ; les dominants contrôlent la culture de

---

[116] H. Labouret, *Colonisation-colonialisme-décolonisation,* Paris, Larose, 1952, p.195.
[117] S. R Arnstein, "A ladder of citizen participation", in *American Institute of Planners Journal (JAIP)*, volume 35, N° 4, juillet 1969, pp.216-224.
[118] R. Moss Kanter, *Men and Women of the corporation,* New York, New York basic book, 1977.

l'organisation ; le *token* (littéralement le jeton) se trouve déterminé dans son comportement par l'organisation ; il faut que la minorité atteigne un effet de seuil de 15 % de l'effectif pour que ce fonctionnement commence à changer. L'étude de Rosabeth porte sur les rapports inégalitaires entre hommes et femmes mais elle en tire des conclusions portant sur l'ensemble des situations de présence minoritaire.

Pap Ndiaye insiste lui sur la fonctionnalité du tokénisme :

« *(Le tokénisme est) l'inclusion très limitée de minorités visibles dans les cercles de pouvoir afin de donner l'illusion de la diversité* »[119].

Nous retrouvons ici les acteurs que de nombreux jeunes Français issus de l'immigration postcoloniale appellent avec plus de sévérité les « Arabes ou les Noirs alibis » ou « Arabes et Noirs de service ». En ce qui me concerne, il me semble nécessaire d'insister encore plus sur la dimension systémique du tokénisme. Celui-ci désigne alors tous les processus d'ouverture à la marge d'un système inégalitaire permettant de le préserver tout en le légitimant plus fortement. Il s'agit donc d'une mutation du système permettant d'en assurer la pérennité. Le tokénisme est un processus d'« évolution adaptative du système »[120].

La fonctionnalité systémique du tokénisme est la légitimation et l'occultation des discriminations du groupe minoritaire. L'ouverture même marginale du groupe majoritaire ou du groupe dominant est avancée comme preuve d'absence de déterminisme et de discriminations. Le fait qu'une seule personne ait franchi les frontières entre groupes permet de poser l'effort individuel et le mérite comme grille explicative.

Cette fonctionnalité est renforcée par le discours des *tokens* qui est lui-même produit par le système. Le premier effet d'une place de *token* est l'exigence de conformité des pairs du groupe dominant. Pour être accepté, le *token* reproduit le discours attendu, y compris dans les dimensions concernant son groupe d'appartenance de départ. Le *token* est

---

[119] P. Ndiaye, *La Condition noire. Essai sur une minorité française*, Paris, Calmann-Lévy, 2008.
[120] Cf. Y. Fotia, « Lutte contre les discriminations racistes : de quelques effets systémiques à mettre en évidence », in revue *Les Figures de la Domination*, [En ligne], mis en ligne le 29 juillet 2009, URL : http://www.lesfiguresdeladomination.org/index.php?id=253.

construit comme exception issue de l'effort individuel et du mérite particulier. Il est posé comme méritant pour avoir réussi là où d'autres échouent par manque d'efforts et de compétences. Il est ainsi amené narcissiquement à devancer les attentes en termes de discours sur les discriminations (en le niant ou en renvoyant les explications à la victimisation ou à des carences d'adaptation).

Plusieurs études sur les questions du genre mettent en avant le concept de « syndrome de la mère abeille » pour décrire le comportement des « *tokens* femmes ». Ainsi par exemple Manon Tremblay et Réjean Pelletier s'interrogent sur le rejet radical du féminisme par des parlementaires femmes :

« *L'une des manifestations (du syndrome de la mère abeille- Queen bee syndrome) consiste précisément pour les femmes à résister à la venue d'autres femmes dans le domaine où elles sont peu nombreuses, tirant profit et bénéfice personnel de cette sous-représentation* »[121].

La sociologue espagnole Maria Antonia Garcia[122] utilise aussi ce concept mais en insistant sur le processus de production de ce syndrome en le reliant au contexte social inégalitaire global. Le « syndrome de la mère abeille » est le résultat d'un phénomène de « sur-sélection sociale » pour les femmes lié à l'ampleur des discriminations sexistes ; la difficulté des obstacles à surmonter et leur coût humain expliqueraient dans un contexte de concurrence le comportement de certaines femmes en terme de fermeture du champ pour préserver des avantages. Une telle approche la conduit à une double conclusion : la caractérisation de « l'élite féminine » comme « élite discriminée » d'une part et le fait de considérer cette « élite » comme révélatrice et explicatrice de processus de discriminations sexistes beaucoup plus vastes d'autre part.

La mise en avant des « exemples de réussite » est un processus de négation des inégalités sociales et des discriminations sexistes et/ou racistes. Elle est consciemment ou non en lien avec l'idéologie

---

[121] M. Tremblay et R. Pelletier, *Que font-elles en politique ?*, Laval, Presses Universitaires de Laval, 2002, p.152.
[122] M. A. Garcia de Léon, « Les élites discriminées- à propos du pouvoir des femmes », Conférence donnée au congrès international *Les femmes construisent la Méditerranée du XXIème siècle*, Centre International des femmes de la Méditerranée, document consultable sur le site du centre.

méritocratique supposant que la probabilité de réussite individuelle est fonction des mérites et des capacités. Le discours sur les exemples de réussites porte en creux un discours sur ceux qui ont échoué. De surcroît, au plus la concurrence pour les biens rares est grande, au plus se développent les logiques du « syndrome des mères abeilles ». La concurrence conduit en effet à l'idée que la réussite des « plus méritants » suppose l'élimination des « moins méritants ». Une « élite » elle-même discriminée en arrive ainsi à contribuer à la reproduction du système discriminatoire.

Le prix de l'intégration

L'instauration par le gouvernement d'un prix visant à récompenser les « méritants » souligne que nous sommes bien dans une logique tokéniste. Le décret instituant ce prix présente ainsi ses objectifs :

« Le prix du parcours d'intégration réussie, qui s'adresse à des personnes physiques et qui permet d'illustrer des réussites d'immigrés dans tous les domaines de la vie sociale (...). Il est institué un prix de l'intégration décerné par le ministre chargé de l'intégration, à des personnes physiques ayant accompli un parcours personnel d'intégration ayant une valeur d'exemplarité de par son implication dans la vie économique, sociale, associative, civique et environnementale, culturelle et sportive et un prix de soutien à l'intégration décerné à des personnes physiques ou morales qui se sont illustrées pour favoriser des parcours d'intégration de personnes étrangères ou issues de l'immigration »[123].

Comme au sein d'une salle de classe, « l'intégration » se mesure, s'évalue, se récompense. Le vocabulaire mobilisé est significatif : « *réussites*», « *exemplarité* », « *illustrées* », etc. Le discours explicite de reconnaissance véhicule un implicite portant sur ceux qui n'ont pas « réussi ». L'explicite (la reconnaissance des exemplaires) cache l'implicite (la suspicion pour ceux qui n'ont pas réussi). La « réussite » n'est appréhendée que sous l'angle de l'effort individuel et du mérite et en conséquence « l'échec » ne peut être que la rançon d'un effort insuffisant. Enfin la logique de pensée est bien celle de « l'intégration »

---

[123] Arrêté du 16 juin 2008 instituant un prix de l'intégration et un prix du soutien à l'intégration, 27 juin 2008, [en ligne], consulté le 24 décembre 2008, URL : http://www.legifrance.gouv.fr/affichTexte.do?cidTexte= JORFTEXT000019066550.

comme processus de volonté individuelle que ce soit pour les « personnes étrangères » ou celles « issues de l'immigration ». Inutile donc d'interroger notre fonctionnement social car quand « on veut, on peut » même en partant de très bas. C'est ce que nous rappelle comme une vérité évidente le ministre Brice Hortefeux lors de la cérémonie de remise des prix :

« *Ces prix n'ont pas vocation à illustrer l'exceptionnel, ils rappellent seulement une vérité : il est possible de faire beaucoup même en partant de peu* »[124].

Il ne s'agit pas d'une mesure isolée. Depuis plusieurs années le « Haut conseil à l'intégration » développe dans ses rapports annuels la même logique. Voici ce qu'énonce par exemple son avis de juin 2003 :

« *Conscient de la nécessité de remédier aux échecs et aux exclusions, le HCI, insiste sur la nécessité de valoriser les réussites. En s'engageant dans une approche positive de l'intégration, il choisit une voie trop longtemps délaissée. Ce choix répond en particulier profondément aux attentes qu'expriment aujourd'hui les citoyens issus de l'immigration, qui veulent et doivent être considérés comme des citoyens à part entière. A l'exclusion, il faut substituer la force de l'exemple* »[125].

En termes d'objectifs, il ne s'agit pas de lutter contre les discriminations ou pour l'égalité mais de combattre l'exclusion. En termes de moyens, il ne s'agit pas de combattre les mécanismes producteurs de discriminations mais de mettre en exergue « *la force de l'exemple* ». Décidément quand on veut on peut. Au-delà de ces discours d'instances officielles, la mode des « exemples de réussites » s'étend à de multiples sphères : dans l'univers médiatique, tous les hebdomadaires ont des numéros spéciaux sur les « intégrations réussies » constitués de séries de portraits mettant en exergue des chefs d'entreprises, des artistes, des sportifs, etc., issus de l'immigration postcoloniale ayant réussi, en dépit des difficultés, par leur volonté, leurs efforts et leur ténacité ; les

---

[124] Discours de Brice Hortefeux à la remise des prix de l'intégration et du co-développement du 3 juillet 2008.
[125] Rapport du HCI de juin 2003 intitulé *La Promotion sociale des jeunes dans les quartiers difficiles- Avis relatif à l'intégration civique, économique et sociale des jeunes issus des quartiers en difficulté* , p.8.

émissions télévisuelles de ce type sont également légion ; des colloques sont organisés en donnant la parole à ces « méritants » ; de multiples actions de centres sociaux ou d'autres structures sociales se construisent avec la même logique : donner en modèle des exemples de réussite, etc.

Masquer les discriminations vécues par le plus grand nombre en mettant en exergue la réussite des *tokens*, c'est ce que dénonce un appel au titre significatif : « *Nous ne sommes pas des modèles d'intégration* ». Cet appel signé par des personnes qui auraient pu être primées au regard de leur origine sociale et de leur situation sociale actuelle dénonce la logique d'instrumentalisation des « exemples de réussites » :

« *Nous les « miraculé-e-s », ne voulons pas cautionner le « modèle français d'intégration » fondé sur un illusoire « quand on veut, on peut » : notre propre expérience, comme celles de nos proches, nous montre que nombreux sont les nôtres qui veulent, et ne font pas que vouloir, qui font (et plutôt deux fois plus que les autres) mais ne peuvent pas abattre seuls les murs d'une discrimination systémique (à l'emploi, au logement, etc.) et n'ont peut-être pas eu, comme nous, la chance de pouvoir profiter d'une des rares brèches de ce mur* »[126].

Le diagnostic est à l'exact opposé de la mise en avant des « exemples de réussite » et de la « politique des prix ». Là où ces dernières mettent en avant le « mérite individuelle », l'appel décrit un fonctionnement systémique ; là où elles insistent sur la minorité en ascension, l'appel la caractérise comme « miraculée » masquant l'assignation à des places dominées d'une majorité massive. Le diagnostic étant différent, le remède avancé l'est également :

« *Nous ne sommes pas à vendre. Et s'il existe un prix à payer afin d'obtenir notre respect, il ne s'agit ni de ces 3000 euros, ni de médailles en chocolat, mais, notamment, de la mise en place d'une véritable politique publique (assortie de moyens conséquents) contre les discriminations qui existent massivement que ce soit à l'embauche, au*

---

[126] Appel intitulé : « Nous ne sommes pas des modèles d'intégration », dans *Politis* du 11 septembre 2008, [en ligne] consulté le 24 décembre 2008, URL : http://www.politis.fr/Nous-ne-sommes-pas-des-modeles-d,4410.html.

logement, dans l'accès aux loisirs, dans les médias, dans la représentation politique, dans les pratiques policières ou judiciaires »[127].

Cet appel, qui n'a pas été relayé par les grands médias trop occupés à mettre en avant les portraits de ceux qui ont réussi, est signé par des chirurgiens, des artistes, des architectes, des urbanistes, des enseignants, etc.[128]. Nous sommes loin du portrait d'acteurs qui victimisent, qui sont emplis de ressentiment ou de rancœur, qui masquent un « échec » par un discours sur la discrimination. Certes, diront certains, mais de là à conclure à une instrumentalisation c'est vraiment exagéré. Voici la réponse que leur donne le président de la République lui-même :

« A la justice, on mettra Rachida, quelle image ! Dans un pays où une partie de la population pense qu'il y a deux justices, c'est montrer avec Rachida qu'il n'y en a qu'une »[129].

L'image comme cœur d'une politique publique, voilà à quoi mènent les « exemples de réussite ».

---

[127] *Ibid.*
[128] J'y ai également moi-même apporté ma signature.
[129] *Nouvel Observateur* du 12 juillet 2007.

« Ce concept (la diversité) ne vient pas du cosmos et il faut procéder à son dépistage archéologique, historique et idéologique pour concevoir quel type de diversité vous souhaiteriez promouvoir… : la diversité hiérarchique ou la diversité égalitaire et interactive ».

Doudou Diene, rapporteur des Nations Unies contre le racisme, la discrimination, la xénophobie et l'intolérance.

Chapitre 3 : La diversité ou la diversité qui fait diversion

« Candidats de la diversité », « statistiques de la diversité », « chartes de la diversité », « promouvoir la diversité », « les talents de la diversité », « les jeunes issus de la diversité », etc., le terme de diversité est présent en permanence dans les discours politiques et médiatiques. Il est un autre des vocables centraux de la « novlangue » en matière d'immigration et/ou de lutte contre les discriminations. Il tend à devenir un principe œcuménique. Quand la droite prétend vouloir « promouvoir la diversité », le Parti socialiste répond en écho partager le même objectif, mais avoir des doutes sur les moyens utilisés. De manière significative, la diversité est présentée comme suscitant systématiquement l'égalité, à tel point qu'elle tend à se substituer au terme « égalité ». Ce dernier ne peut encore exister qu'en lien avec une précision sur sa nature afin d'éviter toute confusion : l'égalité des chances (que nous aborderons dans le chapitre suivant). Pour l'instant soulignons le leitmotiv discursif de la « novlangue » : « promouvoir la diversité et l'égalité des chances ».

En fait, la diversité fait diversion. Elle est encore une fois une diversion visant à éliminer la question de l'égalité, non pas celle de « l'égalité des chances » mais celle de « l'égalité de traitement ». Elle est de ce fait un nouveau processus idéologique permettant de donner l'illusion d'une action de lutte contre les discriminations racistes tout en ne s'attaquant pas aux causes de celles-ci.

Éléments de généalogie du concept

Il n'est pas dans notre objectif de présenter ici une généalogie exhaustive du concept de diversité. Nous voulons juste rappeler quelques racines historiques soulignant la possible articulation entre « inégalité » et « diversité ». La première de ces racines que nous voulons mettre en exergue est une nouvelle fois celle liée à l'esclavage et à la colonisation. La mise en avant du concept de « diversité » a en effet été concomitante avec l'expansion coloniale des pays européens. Les travaux scientifiques et philosophiques de cette période historique ont tenté de rendre compte de cette « diversité » en l'appréhendant sous l'angle du classement hiérarchisé. Les théorisations sur la diversité humaine (des « espèces et des races » disait-on à l'époque) ont ainsi conduit à sa hiérarchisation.

Toute l'histoire de l'ethnologie et de l'anthropologie coloniale est constituée autour et a comme concept central la diversité qu'il s'agit de décrire, de comprendre, d'exposer, de classer, etc. Benoît de l'Estoile[130] étudiant le discours de l'exposition coloniale de 1931 dégage trois approches de la diversité : le discours évolutionniste insistant sur les progrès qu'ont connus les «cultures indigènes » grâce à la colonisation, c'est-à-dire mettant l'accent sur l'aspect bénéfique d'une réduction de la diversité ; le discours différentialiste mettant au contraire l'accent sur la diversité essentielle des cultures ; le discours « primitiviste » consistant en un évolutionnisme valorisant esthétiquement les « cultures indigènes » comme « art des origines ». Ces trois discours cohabitent et convergent vers une même fonctionnalité sociale : légitimer un « nous » colonial dans lequel la diversité légitime des places différentes et inégales. Comme le souligne Doudou Diene : « *La diversité a constitué historiquement la légitimation de la hiérarchie culturelle et politique* »[131].

Une seconde racine de la thématique de la diversité se trouve dans le monde de l'entreprise dans les décennies 80 et 90 qui sont, rappelons-le, celles de la réaction ultralibérale de Reagan. Depuis le développement des politiques « d'affirmative action » dans la décennie 60, les grandes

---

[130] B. de l'Estoile, *Le goût des autres- de l'exposition coloniale aux arts premiers*, Paris, Flammarion, 2007.
[131] D. Diene, Intervention au forum de Quetzaltenango (juin 2004) : « Notre force est dans notre diversité », in revue *ORUS*, n° 2, mai 2006.

entreprises américaines ont recruté dans leurs services de ressources humaines des personnes en charge de les prémunir contre d'éventuelles poursuites pour discrimination. Ce sont ces nouveaux professionnels qui développeront le courant du *diversity management*. Ce courant se présente selon les auteurs soit comme complément des politiques d'*affirmative action*, soit comme substitut à celles-ci considérées comme inefficaces, parce que contraignantes et significatives d'une intrusion de l'État dans la sacro-sainte « liberté d'entreprise ».

Le *diversity management* s'inscrit donc dans le vaste courant ultralibéral antiétatique. Il est la prise en compte par ce courant ultralibéral de la question des discriminations racistes, imposée dans l'agenda des politiques publiques par le mouvement des droits civiques. De manière significative, ce concept est construit pour évacuer « la polémique de l'égalité » :

« *Né dans les années 80 et 90 aux USA, à partir de la réflexion menée autour des problématiques du management d'entreprise, le concept de diversité a permis de dépasser la polémique de l'égalité entre les différents groupes ethniques qui avait eu pour résultat l'apparition des politiques de discrimination positive dans les années soixante, en proposant une approche centrée sur le management de la diversité, c'est-à-dire sur la reconnaissance et la prise en compte des différences* »[132].

Le *diversity management* est concomitant du développement d'une autre thématique « la responsabilité sociale d'entreprise » présentant l'intervention de l'État comme inutile et contre-productive comme le souligne le titre de l'article de Constant Calvo que nous venons de citer. Ce concept pose, en effet, que les entreprises ont un intérêt spontané à une « responsabilité sociale » ou à une « attitude citoyenne ». Tout est pour le mieux dans le meilleur des mondes : en poursuivant leurs objectifs de profits, les entreprises privées seraient spontanément amenées à prendre en compte des objectifs d'égalité ou d'écologie, etc. Il est dès lors inutile que l'État s'en mêle, que l'on fasse appel à des

---

[132] D'après C. Calvo, *CAC 40*, « Responsabilité Sociale d'Entreprise et diversité », [en ligne] in *CFO-News*, 9 mars 2009, URL : http://www.cfo-news.com/CAC-40-RSE-et-Diversite_a9259.html

mesures contraignantes, que l'on empiète sur la « liberté d'entreprise » : la « main invisible »[133] suffit.

Trois arguments clefs reviennent dans toutes les théorisations du *diversity management* pour convaincre de cette harmonie spontanée : le besoin de salariés stables et motivés ; le besoin de ressembler aux clients qui sont marqués par la diversité dans une société multiculturelle ; le besoin d'éviter des poursuites pour discrimination qui étaient en développement quantitatif dans la société américaine. Ces trois arguments convergent vers une conclusion : la discrimination est contre-productive sur le plan de la rentabilité de l'entreprise ; la prise en compte de la « diversité » est un atout concurrentiel. La lutte contre les discriminations cesse d'être un objectif politique ; il est imposé aux entreprises de l'extérieur par des luttes sociales, se traduisant en politique publique. Cette politique devient un moyen de la rentabilité et du profit.

Pourquoi pas ? diront certains, si le résultat est réellement un progrès de l'égalité. C'est oublier que le passage de la lutte contre les discriminations du statut d'« objectif » à celui de « moyen » change radicalement la situation. En témoignent les pratiques qui découlent du management de la diversité. Donnons-en quelques exemples : installation de salles de prière au sein des entreprises pour les musulmans ; actions de sensibilisation à la « différence culturelle » ; mise en place de « groupes d'affinité » dans les entreprises (fraternités afro-américaines, asio-américaines, etc.) ; recrutement par IBM en 1995 de 8 équipes de consultants censées chacune être le « porte-parole » d'une minorité ; programmes de recrutements ciblés pour diversifier les effectifs ; parrainage et formation pour l'accès à certains postes, actions de médiations dans le cas de « conflits culturels », etc.

Le point commun à toutes ces actions c'est qu'elles se centrent sur une grille explicative unique conduisant à une seule orientation d'action : les discriminations ne sont issues que des représentations sociales et il convient en conséquence d'agir pour « changer les mentalités ». Elles ne sont ni le résultat du fonctionnement du système social, ni la conséquence d'une concurrence entre forces de travail dans un contexte

---

[133] Nous reprenons ici l'expression d'Adam Smith dans *Théorie des sentiments moraux* (1759), Léviathan, Paris, PUF, 1999.

inégalitaire, ni la résultante d'un traitement inégal, ni enfin un outil de pression sur le coût de la force de travail.

Mais nous disposons désormais de deux décennies d'expériences états-uniennes permettant de formaliser les conséquences systémiques de cette thématique de la « diversité » censée dépasser les blocages d'une lutte contre les discriminations jugée trop « contraignante ». Le premier résultat visible a été de rendre illisible la situation des discriminations racistes et sexistes en les diluant dans la prise en compte de toutes les « différences » :

« Les principes mêmes et les pratiques de la gestion de la diversité soulèvent des interrogations. Il est à craindre la perte de vue des objectifs d'égalité. Effectivement certains discours sur la diversité noient les questions des femmes et des minorités parmi des différences anodines (origines géographiques, style vestimentaire, etc.) »[134].

La seconde conséquence importante est le basculement de la « sphère de l'égalité » (des salaires, des conditions de travail, du déroulement de carrière, etc.) à la « sphère de la reconnaissance et du respect ». Les dominés seront donc désormais reconnus et respectés, ce qui ne veut pas dire qu'ils seront traités également. Le respect contre l'égalité est un des mécanismes fréquents des processus de domination. Il peut même conduire à une « mise en exceptionnalité valorisante », à condition que celle-ci n'interroge pas la distribution inégale des places sociales. Rappelons que Diderot par exemple respectait les femmes et même les sacralisait sans toutefois considérer qu'il faille les traiter également :

« Si j'avais été législateur... je vous aurais affranchies, je vous aurais mises au dessus des lois ; vous auriez été sacrées, en quelque endroit où vous fussiez présentées »[135]. Placer les femmes au-dessus des lois est une habile façon de ne pas les placer dans la loi.

---

[134] A.-F. Bender, « Approche de la diversité dans les pays anglo-saxons », in I. Barth et C. Falcoz (dir.), *Le Management de la diversité. Enjeux, fondements et pratiques*, Paris, L'Harmattan, p.223.
[135] Diderot, « Sur les femmes », (juillet 1772), dans *Correspondance littéraire,* Diderot, Paris, éd. Buisson, 1812.

Cette réduction de l'égalité au respect permet une troisième conséquence essentielle : le passage d'une logique collective à une approche individuelle à base méritocratique. Le *diversity management* est donc bien une rupture libérale avec l'*affirmative action*. Cette dernière est, en effet, issue d'une lutte concrète portée par un mouvement social ayant pour objectif la reconnaissance d'une inégalité structurelle touchant des groupes sociaux entiers en raison de leur sexe ou de leur couleur. En dépit de ses multiples limites, elle pose la logique d'une correction structurelle de ces désavantages. Elle est d'ailleurs critiquée sur le fait qu'elle ne laisse pas assez de place au « mérite individuel ». Le *diversity management* se base sur une tout autre logique, la logique méritocratique individuelle :

« Les différences prises en compte par le diversity management ne se limitent pas aux caractéristiques ethniques et de genres. Elles s'élargissent à tous les motifs de discrimination envisageables : âge, handicap, croyance religieuse, orientation sexuelle, mais également statut familial, milieu social, formation...L'accent est mis sur l'individu et non sur le groupe. Il ne s'agit plus de construire des actions en direction d'un ou plusieurs groupes, mais d'accepter et de valoriser les caractéristiques individuelles, professionnelles et personnelles, visibles et invisibles, de tous les salariés, dans la mesure où celles-ci peuvent contribuer à la performance de l'entreprise »[136].

La valorisation de l'unicité de chaque individu en raison de ses « différences », de toutes ses « différences » ne conduit pas à plus d'égalité dans les places occupées, mais au contraire peut renforcer l'assignation à certaines places sociales, certains emplois, certains niveaux hiérarchiques, certains segments du marché du travail. Ce qui est reconnu, ce ne sont pas des qualifications mais des « qualités » spécifiques, culturelles et personnelles, ce ne sont pas des compétences mais des « différences ». La reconnaissance peut ici conduire à l'assignation : les femmes peuvent ainsi être considérées comme dotées de qualités relationnelles les conduisant « naturellement » à certains

---

[136] I. Van De Walle, et X. Mordres, « De la charte de la diversité à la labellisation. L'État et les entreprises dans la négociation d'une politique de la diversité », in *Cahier de recherche* n° 255, CREDOC, décembre 2008, p.10.

emplois ; les personnes issues de l'immigration auraient des qualités de médiation essentielles dans certains emplois précis[137], etc.

Terminons en soulignant la supercherie à l'origine du *diversity management* : l'hypothèse d'une rareté en force de travail. C'est cette rareté qui pousserait pour le *diversity management* les entreprises à des politiques de stabilisation et de fidélisation de la main-d'œuvre. C'est le besoin d'un traitement égalitaire pour assurer cette stabilisation et cette fidélisation qui rendrait les entreprises intéressées à une politique sans discriminations. Telle n'est pas la situation réelle qui se construit plus en termes de précarisation et de flexibilisation que de stabilisation et fidélisation. Les discriminations sexistes et racistes sont justement deux outils essentiels du processus d'augmentation de la concurrence pour les « biens rares » (et l'emploi est le premier d'entre eux) conduisant à une précarisation plus grande.

Il n'est dès lors pas étonnant de constater un décalage entre l'ampleur de la communication sur la « diversité » et le peu de mesures concrètes pouvant l'illustrer en termes de réduction des inégalités :

« La gestion de la diversité apparaît alors surtout comme une valeur ajoutée pour l'image de l'entreprise qui la mette en valeur dans leur communication interne auprès des salariés et de l'encadrement, et dans leur communication externe auprès des clients, des actionnaires et des candidats potentiels à l'embauche »[138].

L'acclimatation européenne puis française

Cette source états-unienne de la thématique de la diversité est mobilisée en Europe au même moment où se renforce la législation contre les discriminations. Ce sont comme aux États-Unis des réseaux d'entreprises et des organismes de consultance qui, à la fin de la décennie 90, mettent en avant les mêmes arguments. Les premières références que nous avons trouvées à la thématique de la diversité à l'échelon communautaire viennent d'un réseau de vingt grandes entreprises de

---

[137] Ce qui est l'un des facteurs de l'ethnicisation des métiers qu'on perçoit dans certaines professions (personnel de sécurité, animateur socioculturel ou médiateur culturel, etc.).
[138] *Ibid.*, p.20.

nationalités différentes : *L'European Business Network for social cohesion* qui publie en 1997[139] un rapport intitulé *gaining from diversity. Business participation and benefits in Europe's ethnic end culture change*. Ce rapport recommande la mise en place d'une "gestion de la diversité".

Peu de temps après, le vocabulaire de la diversité commence à apparaître dans les textes européens. Cependant le nouveau référentiel et son vocabulaire se juxtaposent à ceux de « la lutte contre les discriminations ». La Direction générale Emploi, Affaires sociales et Egalité des chances de la Commission européenne, sera celle qui diffusera massivement le nouveau vocabulaire et la logique qu'il incarne : insuffisance et contre-productivité de la contrainte ; rôle essentiel non plus de l'État mais de l'entreprise ; refus de cibler certaines discriminations en raison de leur caractère massif et structurel et mise en avant d'une reconnaissance de toutes les différences ; insistance sur l'action contre les représentations sociales pour « changer les mentalités », justification de l'action non plus par le principe d'égalité mais par les gains de compétitivité, etc.

La chronologie des textes de la communauté n'est pas neutre. Elle souligne que la thématique de la diversité s'est développée en réponse à la précision sur les obligations de lutte contre les discriminations. Ainsi les directives relatives à des obligations des Etats-membres dans la lutte contre les discriminations datent de l'année 2000 : Directive du 29 juin 2000 relative à la mise en œuvre du principe d'égalité et Directive du 27 novembre 2000 relative à la création d'un cadre général de l'égalité de traitement. Comme en réponse, la direction générale précédemment citée lance en 2003 la campagne : « Pour la diversité, contre les discriminations ». La même direction multiplie les publications qui diffuseront la nouvelle thématique. Les 29 et 30 septembre 2006 est organisé à Chypre un colloque sur la diversité dans les PME. A cette occasion est diffusé un « guide » qui souligne la victoire du nouveau

---

[139] A cette époque, le monde de l'entreprise est partiellement questionné par les discriminations racistes, comme en témoigne la signature par le groupe Accor en 1997 avec ses partenaires d'un accord d'entreprise « contre toute forme de discrimination », mais sans qu'on parle de diversité. D'autre part, le management s'est également intéressé à la dimension culturelle du management plus tôt que cette année-là (par exemple : S. Chevrier, *Le management interculturel*, Paris, PUF, 1990), mais là non plus sans que le terme diversité apparaisse.

référentiel. Voici comment le « management de la diversité » est précisé dans cette publication :

« *Le management de la diversité se réfère à un ensemble de pratiques conscientes visant à reconnaître, tolérer et valoriser la différence. L'application de ces pratiques sur le lieu de travail est la capacité de reconnaître que les différences entre les personnes au sein de l'entreprise et du marché peuvent être facteur de croissance* »[140].

En France c'est également le monde de l'entreprise qui est à l'origine du discours sur la diversité. C'est au sein d'un *think tank*[141] libéral, l'Institut Montaigne créé par Claude Bébéar, président du groupe AXA, qu'émerge le discours de la diversité. Deux rapports vont marquer la progression du discours de la diversité le faisant d'abord passer comme un complément à la « lutte contre les discriminations » puis ensuite réalisant tout simplement une substitution. Le premier rapport est celui de l'Institut Montaigne intitulé *Les oubliés de l'égalité des chances- participation, pluralité, assimilation… ou repli ?* [142]. Un des coauteurs, Yazid Sabeg, sera ultérieurement nommé « commissaire à la diversité ».

L'ensemble du vocabulaire de la diversité est présent dans ce rapport : égalité des chances (sur laquelle nous reviendrons dans le chapitre suivant), diversité, etc. Pour l'instant, le référentiel nouveau et son vocabulaire sont juxtaposés à celui de la lutte contre les discriminations. Dans la même année, Jean-Pierre Raffarin commande un rapport à Claude Bébéar[143] en vue de préparer une « conférence nationale pour l'égalité des chances ». Cette fois-ci, la mue est réalisée : l'égalité des chances a remplacé la « lutte contre les discriminations » et la « diversité » s'est substituée à l'égalité de traitement. L'hypothèse explicative reconfigure sans ambiguïté le champ de l'action légitime :

---

[140] Commission Européenne, *La diversité au travail- huit étapes pour les PME*, Direction générale Emploi, Affaires sociales et Egalité des chances, p.2.
[141] Un *think-tank* est une institution de droit privé visant à émettre des analyses et des propositions en direction des pouvoirs publics.
[142] Y. Sabeg, Laurence Méhaignerie, *Les oubliés de l'égalité des chances- participation, pluralité, assimilation…ou repli ?*, Paris, Institut Montaigne, janvier 2004.
[143] C. Bébéar, *Des entreprises aux couleurs de la France - Minorités visibles : relever le défi de l'accès à l'emploi et de l'intégration dans l'entreprise*, Paris, La Documentation Française, 2005.

« Il y a un problème d'inadaptation ou de mauvaise utilisation des dispositifs existants. Et surtout, un problème de mentalités : préjugés des employeurs contre les capacités des minorités visibles à intégrer l'entreprise, à y être acceptées, voire à être capables de bien travailler ; préjugés contre le travail de ceux qui n'ont jamais vu leurs parents travailler, ou vivent une « galère » qui les persuade qu'ils sont rejetés »[144].

Les préjugés comme seule explication d'une inégalité aussi massive, la négation des dimensions structurelle et systémique des processus discriminatoires, etc. : le changement de paradigme est complet. On comprend dès lors que même le MEDEF approuve le discours de la diversité en rappelant néanmoins qu'il ne s'agit pas d'un souci d'égalité mais d'un souci de compétitivité :

« La diversité relève d'une logique morale, éthique, mais aussi d'une logique tout à fait économique. Je crois profondément, en tant que chef d'entreprise, que plus la diversité est présente, plus la richesse, plus l'invention se déploient et se développent »[145].

Même la HALDE se voit ainsi confier par Jacques Chirac une mission visant au changement des mentalités :

« La Haute autorité a aussi pour mission de faire évoluer les esprits, de contribuer à changer les mentalités, en permettant de mieux appréhender les phénomènes de discrimination, qu'elle soit directe ou indirecte »[146].

Il ne reste plus pour parachever le processus qu'à éliminer du vocabulaire public l'expression gênante de « lutte contre les discriminations ». La Halde ne pouvant être concernée dans la mesure où elle est une émanation d'un engagement européen, elle sera la seule à garder une référence explicite à la « lutte contre les discriminations » dans sa dénomination. La loi du 31 mars 2006 dite « loi pour l'égalité des

---

[144] *Ibid.*, p.11.
[145] L. Parisot citée dans le guide de la HALDE pour les PME intitulé : « *Prévention des discriminations à l'emploi- guide pour les PME, les TPE et l'artisanat*, Paris, HALDE, 2008, p.4.
[146] J. Chirac, discours lors de l'inauguration de la HALDE, 23 juin 2005.

chances » rebaptise le FASILD Agence nationale pour la cohésion sociale et l'égalité des chances.

La diversité contre l'égalité[147]

Nous reprenons ce titre de l'essai de Walter Benn Michaels tout en ne partageant pas un certain nombre de ses conclusions. La thématique de la diversité est incontestablement une arme libérale pour désarmer la lutte pour l'égalité. Elle est une illustration du paradigme culturaliste que nous avons présentée dans notre première partie. Walter Benn Michaels a raison de souligner que :

« *La diversité n'est pas un moyen d'instaurer l'égalité ; c'est une méthode de gestion de l'inégalité* »[148].

Il a raison de souligner la fonctionnalité sociale du discours sur la diversité, d'en montrer le lien avec l'offensive conservatrice, d'insister sur ses résultats en termes de détournement et de déviation de la question des inégalités économiques. De même, il est convaincant dans le rappel des liens entre la thématique de la diversité et les théorisations culturalistes d'un Samuel P. Huntington. Bref, beaucoup d'éléments déconstruisant le discours de la diversité en en montrant ses origines, ses effets, les intérêts qu'il défend, les visions du monde qu'il véhicule, les neutralisations des conflits de classes auxquelles il conduit, etc., sont, selon moi, pertinents.

Cependant, tous ces arguments justes sont mis au service d'une réaffirmation d'une question sociale abstraite ne prenant pas en compte l'articulation entre question sociale et question raciale. Au paradigme culturaliste du discours de la diversité répond ici en écho le paradigme ouvriériste que nous avons exposé dans notre première partie. Cela le conduit à percevoir le discours de la diversité comme une conséquence et même un prolongement des politiques d'*affirmative action* alors qu'il est une rupture libérale avec celles-ci. Que la véritable question soit celle de l'égalité économique et du clivage entre « riches et pauvres », comme il le souligne fréquemment dans son essai, est une évidence. Mais cela n'explique pas le rôle des discriminations racistes dans le processus

---

[147] W. Benn Michaels, *La diversité contre l'égalité*, Paris, Raison d'agir, 2009.
[148] *Ibid.*, p.10.

global de reproduction des inégalités sociales, cela ne nous éclaire pas sur la fonctionnalité économique et sociale des discriminations (accroître la concurrence au sein du monde du travail), cela ne nous aide en rien à comprendre pourquoi statistiquement la couleur et le sexe restent marqués par des probabilités plus fortes d'assignations à la pauvreté et à certains emplois.

La réponse à un discours idéologique ne peut pas se limiter à en inverser simplement les polarités. Que la diversité soit une instrumentalisation de la question des discriminations à des fins de négation de la question sociale ne signifie pas que les discriminations n'ont pas un rôle essentiel à jouer dans le fonctionnement inégal de notre société. Sans un combat conséquent contre les discriminations sexistes et racistes l'unité du monde du travail n'est pas possible. Si la question raciale est effectivement une des dimensions de la question sociale, cette dernière est désormais structurée également par la question raciale. L'auteur souligne à juste titre les effets de l'instrumentalisation aux États-Unis comme en France de la question dite des « droits civiques » :

« *L'évolution des droits civiques ne doit pas se faire au détriment de la poursuite de l'égalité économique* »[149].

Il a certes raison mais l'inverse est également vrai : la poursuite de l'égalité économique ne peut pas se faire en laissant de côté les discriminations racistes et sexistes qui structurent le marché du travail et celui des autres « biens rares ». Nous n'avons pas affaire à une simple manipulation idéologique sans base matérielle. C'est au contraire parce qu'il y a une base matérielle (des discriminations racistes et sexistes comme éléments de structuration sociale du monde du travail) que la manipulation idéologique est possible. La prise en compte de cette base matérielle est incontournable pour combattre son instrumentalisation idéologique.

Organigramme ou photo de famille ?

Nous avons souligné plusieurs fois le rôle déterminant des grandes entreprises privées dans l'émergence puis l'hégémonie du discours de la diversité que ce soit aux États-Unis, dans l'Union européenne et en

---

[149] *Ibid.*, pp.36-37.

France. La « charte de la diversité » étant pour l'instant la seule traduction concrète de ces nouvelles orientations, prenons-la comme analyseur et tentons de saisir le modèle social qui se dévoile. Cette charte est une des propositions essentielles du rapport *Les oubliés de l'égalité des chances*. Le secteur privé garde la main ensuite puisque c'est au sein de l'Association française des entreprises privées[150] que s'élabore le contenu de la charte. Elle est donc élaborée uniquement par des employeurs sans aucune participation syndicale. En comparaison avec le rapport *Les oubliés de l'égalité des chances* (qui était centré sur deux catégories : les « minorités visibles » et les « jeunes issus de la classe ouvrière »), la charte élargit la cible à l'ensemble de la diversité.

La philosophie de la charte est celle de la « responsabilité sociale des entreprises » ce qui se traduit par six engagements moraux censés se décliner ensuite par des mesures volontaristes des signataires. Il en découle des engagements ayant un degré de généralité énorme, censés permettre le déploiement libre des initiatives : sensibiliser et former les dirigeants ; promouvoir le principe de non-discrimination ; communiquer auprès des collaborateurs de l'engagement pour la diversité ; faire de la politique de la diversité un objet de dialogue avec les représentants du personnel ; inclure un bilan des actions dans le rapport annuel. La charte de la diversité ne comporte, bien entendu, aucune obligation contractuelle. Elle est entièrement incitative et sous le contrôle de l'entreprise. Elle ne prévoit aucune instance de contrôle ou d'évaluation. On comprend dès lors son « succès » : près de 2.000 signatures de chartes de la diversité entre 2004 et aujourd'hui.

Le schéma sous-jacent est nettement celui qui est désigné par le concept de « gouvernance » dans le vocabulaire libéral, c'est-à-dire une reconfiguration de la place des acteurs dans l'élaboration des réponses aux questions et problèmes économiques, sociaux et politiques. Cette reconfiguration est à la base de deux changements essentiels. En premier lieu, les entreprises privées, parce qu'elles sont « socialement responsables », ont une place plus importante dans la définition et la mise en œuvre de l'action publique. En second lieu, l'État doit se limiter à une fonction de « régulation » afin d'éviter les effets « contre-productifs » d'une intervention trop forte. Ainsi par exemple une législation trop

---

[150] L'AFEP n'est pas une petite association sans poids politique. Elle a été fondée en 1983 et regroupe une grande partie des employeurs du CAC 40.

contraignante en matière de lutte contre les discriminations est perçue comme « contre-productive ». Romain Huët et Morgane Cantrelle ont résumé la logique de cette « gouvernance » conduisant à un retrait de l'État au profit du secteur privé :

« *Une question sociale a été saisie par des acteurs privés auteurs de différentes initiatives (...). Ces différentes initiatives (production de rapport, d'une charte, etc.) révèlent la tentation des acteurs privés à ériger un problème public, à influer sur les relations étatiques, à légitimer et à supporter leurs propres explications du réel, des différentes causalités ainsi que des solutions qui s'y rapportent* »[151].

Tout le raisonnement est basé sur la croyance en la « main invisible » conduisant à une autorégulation du marché : la poursuite des intérêts individuels conduirait à l'intérêt général. Concernant les discriminations, la charte est censée accélérer l'autorégulation sans que l'intervention de l'État ne soit nécessaire. Le souci d'avoir une « bonne image » conduira à l'émulation dans le changement des comportements en matière de diversité. Les nouveaux termes qui envahissent le vocabulaire (agences, chartes, gouvernance, etc.) sont ainsi le signe d'une intégration idéologique dans le corpus libéral d'une question sociale gênante pour les intérêts privés :

« *La charte est un support privilégié de la gouvernance. Elle est un objet de régulation et de mobilisation, et se prête aisément à la diffusion. Avec le document, sont diffusées des normes et valeurs fondatrices d'une idéologie. C'est cette même idéologie qui justifie la préférence de la « gouvernance » sur le gouvernement* »[152].

Le passage de la lutte contre les discriminations à la promotion de la diversité n'est donc pas un simple changement de terme, de même que l'utilisation des termes agences et gouvernance en lieu et place de services de l'État et de gouvernement ne sont pas anodins. Ces transformations accompagnent un désinvestissement de l'État

---

[151] R. Huët et M. Cantrelle, « Gouvernance et acteurs privés : le cas de la lutte contre les discriminations au travail », in revue *Développement durable et territoire*, [en ligne], Varia, mis en ligne le 03 mars 2006, consulté le 24 décembre 2008. URL : http://developpementdurable.revues.org/index1880.html.
[152] *Ibid.*

entièrement cohérent avec l'orthodoxie libérale de la « main invisible ». Les discriminations racistes et sexistes étant d'abord systémiques, ce désinvestissement ne peut conduire qu'à un accroissement des inégalités sociales et des discriminations. La promotion d'une élite par la politique de la diversité masque les dégradations vécues par la très grande majorité. Agir sur les causes des discriminations systémiques suppose une intervention massive de l'État dans l'ensemble des sphères de la vie sociale (logement, scolarité, concours de la fonction publique, etc.) et une dimension incontournable de contraintes.

Deux logiques, deux référentiels, deux paradigmes contradictoires s'affrontent donc sur notre objet : le premier est celui d'une explication des discriminations à partir des seuls préjugés (sans aucune base matérielle) conduisant à une action de promotion de la diversité, c'est-à-dire à une mise en scène de « photos de famille » exposant la présence de Noirs, d'Arabes, de Blancs, de handicapés, de femmes, etc. (dans la société globale ou dans une entreprise), sans interroger les places hiérarchiques de ces acteurs. Le second est celui d'une explication systémique des discriminations à partir des intérêts matériels qu'elles soutiennent, conduisant à une action de lutte contre les discriminations ne pouvant être menée que sous la responsabilité de l'État seul porteur de la « violence légitime ». Il conduit à passer de la « photo de famille » à « l'organigramme » tant au niveau de la société globale qu'à celui de l'entreprise, pour enquêter et rétablir les déséquilibres que présentent les inégalités sociales liées aux places préférentiellement attribuées aux uns et aux autres.

Un tel basculement libéral en supposait un autre que nous abordons dans le chapitre suivant : la redéfinition du concept d'égalité en le réduisant à la notion d'« égalité des chances ».

« L'égalité des chances, il y a la Française des Jeux pour ça. Le droit à l'éducation, c'est un des droits de l'Homme fondamentaux que l'État doit garantir et pour lequel nous devons nous battre ».

Philippe Meirieu, *première assise du CRAP,* 3 février 2007.

Chapitre 4 : L'Egalité des chances ou tant pis pour ceux qui n'ont pas de chance

« Loi sur l'égalité des chances », « année de l'égalité des chances », « préfet à l'égalité des chances », etc., nous sommes bien devant une autre nouvelle constante du discours médiatique et politique dominant. Cette constante est un des points centraux de la communication politique. Comme le discours sur la diversité et même plus, la thématique de l'égalité des chances se présente comme consensuelle, dépassant les clivages entre la droite et la gauche. On la retrouve même dans les propos de certains acteurs de ladite « gauche de la gauche ». Elle est présentée comme l'horizon indépassable de la politique publique, au-delà duquel ne peut subvenir que le totalitarisme, le nivellement par le bas, la médiocratie, etc.

Concernant les discriminations racistes, le discours de l'égalité des chances est censé permettre leur dépassement en redonnant à chacun des « chances égales » afin de pouvoir entrer dans la compétition du mérite. Pourtant que ce soit au niveau de ses racines historiques, de ses hypothèses et postulat, de sa fonctionnalité sociale, etc., ce qui se révèle, c'est bien autre chose : une justification des inégalités par négation des causes et effets systémiques, une légitimation d'un cantonnement de l'État dans un rôle minimum : être le garant des règles d'un jeu censées être intangibles. Quant au résultat de ce jeu ou aux scores des concurrents, le mérite suffirait à l'expliquer et à le légitimer.

Une logique ancienne en France

Commençons par les racines non contemporaines de ce concept. L'affirmation du principe d'égalité dans la Déclaration des droits de l'homme et du citoyen de 1789 ne précise pas s'il s'agit d'une « égalité de chances », de « résultats », « de conditions », etc. Telle n'était pas la préoccupation des rédacteurs, ni celle des penseurs qui en avaient fourni la légitimation, ni celle enfin des différentes classes sociales qui y avait investi des espoirs d'amélioration de leur situation sociale. La préoccupation est ailleurs : mettre fin aux privilèges de naissance ce qui suppose de poser le principe de l'égalité. John Locke en 1689 dans son essai sur le gouvernement civil pose ainsi que « *les hommes étant tous naturellement libres, égaux et indépendants* »[153]. Jean-Jacques Rousseau pour sa part considère le « contrat social » comme le parachèvement de cette « égalité naturelle » : « *Pouvant être inégaux en force et en génie, ils deviennent tous égaux par convention et de droit* »[154]. L'affirmation d'une égalité en droit ouvre cependant une contradiction qui est toujours au cœur des débats contemporains. « L'égalité des chances » est une réponse située socialement à cette contradiction qui peut se formaliser comme suit :

« *Opposer les capacités et l'éducation au rang et à la naissance, c'est à la fois refuser la société aristocratique et ouvrir la porte aux revendications populaires* »[155].

Le conflit se noue dès la Révolution française sur la question de l'effectivité des droits, des conditions à réunir pour que les droits cessent d'être formels et deviennent réels. Il en découle deux types de dynamiques se traduisant par des combats sociaux visant à donner un contenu au principe d'égalité : d'une part une dynamique visant à assurer une universalité réelle des droits formels (lutte contre le suffrage censitaire ; lutte pour le droit de vote des femmes, etc., et aujourd'hui lutte pour le droit de vote aux résidents étrangers) et d'autre part une dynamique pour réunir les conditions d'une effectivité des droits formels.

---

[153] J. Locke, *Traité du gouvernement civil*, (1690), Paris, réédition Garnier-Flammarion, 1992, pp.214-215.
[154] Jean-Jacques Rousseau, *Du contrat social* (1762), Œuvres complètes, tome 3, Paris, La Pléiade, 1961, p.367.
[155] B. Charlot et M. Figeat, *Histoire de la formation des ouvriers* 1789-1984, Paris, Minerve, 1985, p.82.

Si l'expression « égalité des chances » n'est pas encore élaborée, la logique qu'elle contient est bien présente dès la Révolution française en réponse idéologique aux revendications d'effectivité des droits. Elle est d'autant plus affichée et promue dans les périodes où le rapport de forces social est en faveur des classes dominantes, elle passe au second plan à chaque fois que ce rapport des forces impose la prise en compte par l'État de conditions de l'effectivité des droits. Elle s'articule dans des compromis différents avec la logique de l'effectivité en fonction de ce même rapport des forces. « L'égalité des chances » devient dominante à chaque période de réaction sociale : la période de Thermidor pendant la Révolution française, après la Commune de Paris, sous Vichy, etc. Loin d'être une « constante républicaine » et encore moins une « constante démocratique », l'égalité des chances est une constante qui marque les phases réactionnaires de notre histoire. A chacune de ces périodes, elle a été avancée comme réponse à « l'égalitarisme » qui est de manière récurrente le terme utilisé pour dévaloriser et désamorcer par la peur les exigences d'effectivité des droits. Nous nous proposons de regarder tout cela de plus près.

La Révolution française est confrontée dès 1791 à la question de l'effectivité de l'égalité. Les mobilisations sociales conduisent à une nouvelle rédaction de la Déclaration des droits de l'homme précisant quelques conditions pour assurer une plus grande effectivité des droits. Comme nous l'écrivions déjà en 1992 : « *La déclaration de 1793 reconnaît le droit au travail, à l'instruction et à la subsistance, inclut l'égalité dans la série des droits naturels et affirme le devoir d'insurrection en cas d'oppression. Elle reconnaît les droits économiques et sociaux (...). La déclaration de 1795 limite les droits par les devoirs et fait de la propriété non seulement un droit mais l'essence de toute société civilisée* »[156].

Sur quels arguments le retournement s'opère-t-il ? L'égalité des chances bien sûr, même si l'expression n'est pas encore forgée. Voici comment François Furet et Denis Richet, qui considèrent ce retournement comme un progrès, l'analysent en utilisant le concept de « chance » :

---

[156] S. Bouamama, A. Cordeiro, et M. Roux, *op. cit.*, p.38.

> « *La Déclaration des droits de l'homme (de 1795) reprend en le précisant, en le garantissant l'idéal de 89 ; sans doute écarte-t-elle les formules que la contre-offensive plébéienne avait imposée à l'élite réticente (...). On la situe sur le plan des garanties aux chances, non des droits aux revendications* »[157].

Chaque grand mouvement social (1830, 1848, la Commune de Paris) verra réapparaître une même grille explicative : les émeutes et révolutions sont le fruit de la manipulation d'une minorité, la réponse à ces manipulations se construisant selon deux grandes modalités :

> D'une part une logique répressive massive afin de revenir à une société d'ordre, où chacun a une place précise du fait de « capacités » argumentées selon les auteurs, les périodes et les catégories concernées de manière différente (allant de l'argument biologiste pour les femmes à l'absence de propriété pour les travailleurs, etc.). Nous avons, dans nos travaux antérieurs, appelé cette conception de la citoyenneté : citoyenneté capacitaire.

> Confrontés à cette logique, les pères fondateurs de la IIIème République ne dépasseront jamais l'idée qu'il convient simplement que « l'élitisme républicain » prenne le pas sur l'élitisme aristocratique par extension aussi large que possible de la compétence par le biais de la scolarisation. Aux capacités « naturelles » d'hier sont substituées les « compétences scolaires ».

La violence de la répression de la Commune de Paris, qui est à la hauteur, à la fois, des espoirs de justice sociale qu'elle a suscités dans la nouvelle classe ouvrière et de la crainte qu'elle a entraînée dans la classe dominante, donnera naissance dans un premier temps à « l'ordre moral » répressif et dans un second temps aux lois scolaires censées apporter « l'égalité des chances ». Le fameux « élitisme républicain » de la IIIème République est en grande partie un mythe. La scolarisation et le discours méritocratique qui l'accompagne n'ont pas suscité un « renouvellement des élites » car tel n'était pas son objectif :

> « *La principale vertu de l'instauration réelle ou supposée du modèle méritocratique est de créer un attachement de tous aux lois du système*

---

[157] F. Furet et D. Richet, *La Révolution française*, Paris, Hachette, p.312.

en vigueur même si, objectivement, ils n'ont que très peu de chance d'en profiter »[158].

L'objectif de la scolarisation n'est pas de corriger les inégalités mais de fonder l'espoir mythique d'une promotion individuelle sans toucher aux mécanismes inégalitaires du système social. La diffusion de l'espoir individuel comme antidote aux mouvements sociaux, telle est la logique de « l'égalité des chances ». La scolarisation mise en œuvre sera dès lors inégalitaire et ségrégative, en particulier par un cloisonnement des filières qui recoupe les inégalités sociales. Pour que la fonction de légitimation méritocratique puisse être efficace, il faut cependant ouvrir à la marge le système. Le tokénisme était déjà un des outils de la légitimation. Le système des bourses sera mis en place. Voici par exemple ce que révèle l'analyse des étudiants et des enseignants de la faculté des lettres de Lille pour la période 1887 à 1945 :

« L'analyse sociale, même partielle montre une nette domination de la moyenne bourgeoisie. L'idéal méritocratique permet cependant à quelques boursiers conquérants de gravir les échelons et de devenir enseignants. Les places ainsi conquises restent cependant peu nombreuses »[159].

Ce mécanisme décrit ici pour les couches moyennes supérieures se rejoue encore plus fortement pour les fonctions plus élevées[160]. Ici aussi la méritocratie est un mythe. Voici par exemple les conclusions d'une étude sur le personnel politique local pendant la période 1871-1940 :

« L'emprise familiale sur la politique locale et les postes à responsabilité montre que le népotisme et les réseaux de sociabilité familiaux tiennent une place d'importance dans le processus électif,

---

[158] C. Charles, *Les Elites de la République* 1880-1900, Paris, Fayard, 1987, p.72.
[159] J.-F. Condette, *Une faculté dans l'histoire : faculté des Lettres de Lille 1887 à 1945*, Lille, Presse du Septentrion, 1997, p.117.
[160] Nous avons déjà cité le rôle de ce qui deviendra Sciences Po aujourd'hui. Soulignons également sans être exhaustif le rôle de la « conférence des Avocats du barreau de Paris » dans le recrutement de l'élite : G. Le Beguec, « L'aristocratie du Barreau de Paris, Vivier pour la République, les secrétaires de la conférence du stage », in, *Vingtième siècle revue d'histoire*, Vol. 30, 1991.

même démocratique, ce qui tend à remettre en cause l'image de la méritocratie républicaine »[161].

La seule promotion sociale significative a été celle de ceux qui sont devenus instituteurs, mais encore, pour une fonction qui n'existait quasiment pas dans les proportions nécessaires et qu'il fallait donc massifier. Pour le reste le discours de « l'égalité des chances » ou de la « méritocratie républicaine » apparaît pour ce qu'il est : l'accompagnement idéologique d'une reproduction des inégalités sociales exactement comme la « mission civilisatrice » a été l'accompagnement de la domination coloniale. Les conquêtes sociales de la période ne sont pas issues de l'école mais des luttes sociales. Il n'est alors pas étonnant que le discours de « l'égalité des chances » retrouve une nouvelle jeunesse après le Front Populaire de 1936.

Cette fois l'expression est trouvée. Elle est formalisée de manière significative par le « radical de gauche » Gaston de Bergery et reprise par Pétain dans son discours du 11 octobre 1940. Ce qui permet ce passage du « camp républicain » au « camp pétainiste » c'est la préoccupation commune de préserver la hiérarchie sociale. L'élitisme républicain se mue en égalité des chances à la faveur d'un rapport de forces extrêmement défavorable aux classes populaires autorisant la classe dominante à se débarrasser des discours anciens de légitimation ayant, selon elle, conduit à la catastrophe de 1936 :

« *Le régime nouveau sera une hiérarchie sociale. Il ne reposera plus sur l'idée fausse de l'égalité naturelle des hommes, mais sur l'idée nécessaire de l'égalité des chances données à tous les Français de prouver leur aptitude à servir. Seuls le travail et le talent deviendront le fondement de la hiérarchie française. Aucun préjugé défavorable n'atteindra un Français du fait de ses origines sociales, à la seule condition qu'il s'intègre dans la France nouvelle et qu'il lui apporte un concours sans réserve... Ainsi renaîtront les élites véritables que le*

---

[161] A. Niess, « L'accès au pouvoir en France sous la troisième République (1871-1940) - Népotisme, réseaux de sociabilité et élus de la Marne », in *Acta Iassyensia Comparationis*, n°4, 2006, pp.209-214, [en ligne] consulté le 24 décembre 2008, http://media.lit.uaic.ro/ comparata/acta_site/articole/acta4/acta4_niess.pdf

régime passé a mis des années à détruire et qui constituent les cadres nécessaires au développement du bien-être et de la dignité de tous »[162].

S'il faut prendre en compte la continuité entre « l'élitisme républicain » et « l'égalité des chances », il ne faut pas sous-estimer la rupture constituée par l'apparition d'une nouvelle formulation. Il s'agit désormais de refuser le principe d'une égalité naturelle parce que celle-ci donne naissance à des combats sociaux pour que ces droits soient effectifs. L'égalité des chances est la traduction ultraréactionnaire de l'élitisme républicain. L'expression disparaîtra en conséquence du vocabulaire politique dans l'après-guerre. On ne la retrouve qu'en sociologie de l'éducation dans les débats sur la reproduction sociale. Il est dès lors d'autant plus inquiétant de constater qu'elle devient une catégorie de l'action publique.

Des racines contemporaines états-uniennes

La seconde racine du concept nous vient des États-Unis et de la récupération en la déformant des théorisations de John Rawls sur la justice distributive par les conservateurs. L'auteur formalise sa thèse dans les débuts de la décennie 70, c'est-à-dire avant ce qui est désormais appelé « la révolution conservatrice » symbolisée par Thatcher (qui arrive au pouvoir en 1979) et Reagan (1981). L'ambition de John Rawls n'est rien moins que de tenter de formaliser une troisième voie entre « marxisme » et « libéralisme » afin de réaliser une articulation entre égalité et liberté. Les échos des théorisations de John Rawls ont été énormes au niveau des USA comme au niveau mondial :

« *Aucun ouvrage de philosophie morale (et politique) n'a sans doute suscité plus de commentaire depuis vingt ans que la théorie de la justice. Beaucoup s'accordent pour y voir « l'investigation de la notion de justice la plus approfondie des temps modernes (K. Arrow) ; Comme il se doit, les critiques les plus vigoureuses n'ont pas manqué mais l'ouvrage a d'ores et déjà le statut d'un classique »*[163].

---

[162] P. Pétain, discours du 11 octobre 1940, tiré de H. Broquet, C. Lanneau et S. Petermann, *Les 100 discours qui ont marqué le XXe siècle*, Bruxelles, André Versaille éditeur, 2008.
[163] A. Boyer, « La théorie de la justice de John Rawls », dans *L'Age de la science, lectures philosophiques, éthiques et politiques*, Paris, Odile Jacob, 1988, pp.21-54.

Sans retracer ici l'ensemble de son raisonnement, il n'est pas inutile d'en rappeler quelques grandes lignes. John Rawls avance le concept d'inégalités justes, c'est-à-dire celles qui permettent à chacun de disposer d'une certaine liberté sans que cela ne se fasse au détriment des plus défavorisés. Pour que les inégalités puissent être justes, il faut que le système social puisse assurer deux principes de justice (le second se subdivisant lui-même en deux principes) :

- « *Chaque personne a un droit égal à un système pleinement adéquat de libertés de base égales pour tous, compatibles avec le même système pour les autres (Principe d'égale liberté)* »[164].

- *Les inégalités économiques et sociales ne sont justifiées que si : A) elles contribuent à améliorer le sort des membres les plus désavantagés de la société (Principe de différence) et B) Elles sont attachées à des fonctions et à des positions ouvertes à tous, dans des conditions équitables d'égalité des chances (Principe de juste égalité des chances)* »[165].

John Rawls établit une hiérarchie entre les deux principes et au sein du second entre ses deux niveaux qu'il appelle *lexical* : le premier principe est supérieur au second et à l'intérieur du second le deuxième niveau est prioritaire sur le premier. On ne peut donc pas attenter aux libertés (Principe 1) même pour une plus grande justice sociale. De même on ne peut pas restreindre l'« *equal of fair opportunity* [166]» (Principe 2B) pour améliorer le sort des plus défavorisés (Principe 2A).

Précisons encore que pour Rawls :

- Pour les libertés du principe 1 (politique : de voter et d'occuper un emploi public ; liberté d'expression ; de réunion ; de pensée et de

---

[164] J. Rawls, *La Théorie de la justice*, traduction C. Audard, Paris, Le seuil, 1987, p.91.
[165] *Ibid.*, p.287 et 341.
[166] Nous utilisons volontairement les expressions anglaises d'*affirmative action* et d'*equal of fair opportunity* dans la mesure où les traductions françaises (discrimination positive et égalité des chances) portent des connotations qui sont déformantes. Ici se vérifie bien la célèbre maxime voulant qu'une traduction soit toujours plus ou moins une trahison.

conscience ; etc.[167]), l'accent est mis autant sur leur extension que sur l'égalité de tous devant ces libertés.

- Le principe 2A dit d'*equal of fair opportunity* ne se limite pas à une simple action redistributive. Dans la conception de Rawls, l'État et ses institutions ont à agir sur les causes structurelles pour rétablir des conditions plus égalitaires ;

- Le principe de différence 2B pose comme critère de justice les effets sur les citoyens les plus défavorisés : la situation la plus juste est celle qui produit la plus grande progression des plus défavorisés.

Enfin, pour Rawls, la répartition des talents socialement valorisés est une production sociale : il n'y a pas de mérite au mérite en quelque sorte.

Arrêtons ici la présentation dans la mesure où il n'est pas possible de restituer en aussi peu de place l'ensemble des questions soulevées par John Rawls[168]. Cet exposé succinct était cependant nécessaire pour souligner la différence entre les thèses de l'auteur qui ont été un point d'appui du mouvement des droits civiques pour exiger des mesures d'*affirmative action* et la théorie de l'égalité des chances telle qu'elle est présente dans sa traduction-réduction par les logiques conservatrices tant aux USA, qu'en Europe et en France. Ce qui est éliminé dans cette traduction c'est toute l'action correctrice de l'État afin de faire avancer une égalité de fait en agissant non seulement sur les individus mais aussi sur les causes structurelles. Il est vrai qu'une telle approche est peu compatible avec l'idéologie du désinvestissement de l'État et du marché autosuffisant. De même le « mérite » ou le « talent » est considéré par lui comme une production sociale alors qu'il est pour les libéraux une caractéristique individuelle. Pour John Rawls l'*equal of fair opportunity* est un moyen de l'égalité des résultats alors que pour les libéraux « l'égalité des chances » permet de justifier l'inégalité de résultats.

Pour saisir le sens de la retraduction-réduction des thèses de Rawls, il suffit de lire les critiques qui lui ont été adressées par les « libéraux ». Contentons-nous de deux des mentors des conservateurs états-uniens,

---

[167] J. Rawls en propose une liste indicative du fait de son caractère historiquement variable, *Ibid*. p.92.
[168] Le fait que nous nous attachions à souligner la retraduction-réduction dont ont été l'objet les thèses de John Rawls ne signifie pas que nous sommes en accord avec l'ensemble de son analyse. Mais tel n'est pas l'objet de notre ouvrage.

Friedrich Hayeck[169] et Milton Friedman[170] (qui a été un conseiller écouté de Reagan). Ces deux économistes ont en commun de considérer l'intervention de l'État comme une entrave et la justice sociale comme dangereuse car menant à l'intervention de celui-ci Ils proposent en conséquence : la limitation des dépenses et des recettes publiques, l'élimination du contrôle des prix et des revenus, la fin du « protectionnisme », la suppression du SMIC, la retraite par capitalisation, etc. Tous deux s'expriment en réponse à Rawls pour limiter l'égalité à l'égalité devant la loi éventuellement complétée par une fourniture des moyens d'instruction pour les mineurs. En assurant cette « égalité des chances » restreinte, alors l'inégalité des résultats devient pour ces auteurs légitime.

La retraduction-réduction des thèses de Rawls a été concomitante d'une remise en cause des programmes d'*affirmative action* aux U.S.A. en particulier par la baisse des budgets publics qui leur étaient affectés entraînant une diminution des contrôles de leurs mises en œuvre mais aussi par plusieurs décisions de la Cour suprême. En France, le Conseil d'État a réaffirmé sa lecture libérale de « l'égalité des chances » en 1996[171].

Rien ne va plus : la fonction du discours

L'inflation du concept d'« égalité des chances » n'est pas que française. Depuis près de deux décennies, elle envahit plusieurs autres pays européens et le vocabulaire des textes de l'Union européenne. Elle s'accompagne comme dans un processus de vases communicants d'un déclin des références à « l'égalité de résultats ». Cette inflation ne se limite pas à la droite mais marque aussi profondément une partie non négligeable de la social-démocratie. Tony Blair parle même « d'une société des chances » (*opportunity society*)[172] qui serait en construction. Lui-même et Gérard Schröder signent ensemble un manifeste rendu

---

[169] F. Hayek, *Droit, législation et liberté*, Paris, PUF, 1995.
[170] M. Friedman et R. Friedman, *La Liberté du choix*, Paris, Pierre Belfond, 1980.
[171] Conseil d'Etat, « Sur le principe d'égalité », Etudes et documents, n° 48, Paris, La Documentation Française, 1996.
[172] Discours du 11 octobre 2004, *Building the opportunity society*, à Beveridge Hall Université de Londres, [en ligne], URL : http://www.labour.org.uk/ac2004news?ux_news_id=tbwelfare04.

public le 8 juin 1999 dont le contenu permet d'éclairer la fonction du discours de l'égalité des chances.

L'ensemble du raisonnement repose sur un postulat explicite conduisant à une conclusion centrale sur laquelle se bâtit la suite du raisonnement. Le premier postulat est celui d'une mondialisation qui rendrait désormais impossible la régulation politique dans un cadre national. La mondialisation étant fondée sur la « liberté du marché », aucune régulation politique ne peut se faire en dehors ou contre ces lois du marché. Il en découle une conclusion centrale : l'État doit abandonner toutes ses fonctions à l'exception de celles liées à la sécurité et à la garantie des règles du jeu du marché. L'Etat « videur et croupier » en quelque sorte.

Une première conséquence de ce raisonnement est la mise en avant du concept d'« inégalité juste ». Nous avons présenté précédemment les réductions des thèses de Rawls conduisant au discours contemporain de l'égalité des chances. Cependant, au-delà de ce réductionnisme, le simple fait que Rawls cherche à distinguer des « inégalités injustes » d'autres qui ne le seraient pas, de déplacer le débat de la sphère de l'égalité à celle de la justice, de proposer le concept d'équité en remplacement et/ou en complément de celui d'égalité, etc., ouvre la possibilité à ce réductionnisme. Voici ce que disent Blair et Schröder dans leur manifeste :

« Équité et justice sociale, liberté et égalité des chances, solidarité envers autrui : ces valeurs sont éternelles. (...). On a parfois confondu justice sociale et égalité des revenus. De ce fait l'effort et le sens des responsabilités n'étaient pas suffisamment récompensés, et la social-démocratie était associée au conformisme et à la médiocratie au lieu d'incarner l'exaltation de la créativité, de la diversité et de l'excellence (...). L'idée que l'État devrait remédier aux carences du marché et aux dommages qui en résultent a trop souvent conduit à un élargissement démesuré des attributions de l'État (...). Les droits ont trop souvent été placés au-dessus des responsabilités, mais la responsabilité de chacun envers sa famille, ses voisins et la société ne peut être assumée par l'État »[173].

---

[173] Revue *Notes de la Fondation Jean Jaurès*, note n° 13, août 1999, pp.15-18.

Même son de cloche dans la bouche de Sarkozy avec le similaire remplacement de l'égalité par l'équité et le même culte de la responsabilité individuelle qu'il faut récompenser, le même rejet de « l'égalitarisme » :

« Mais de quelle égalité parle-t-on ? Si l'on parle de l'égalité absolue des situations, on tombe tout de suite dans l'égalitarisme qui est le contraire de la République parce que la République c'est aussi la récompense du mérite, c'est aussi l'élitisme républicain, c'est aussi la récompense due à l'effort du travail. L'égalité républicaine, c'est l'égalité devant la loi, l'égalité des droits et des devoirs, c'est l'égale dignité des personnes, c'est l'égalité des chances »[174].

La thématique de la responsabilisation de chacun (les efforts et les mérites), mais aussi l'élitisme républicain évoqué précédemment sont mis en avant pour opérer un basculement de l'égalité à l'égalité des chances, d'une « protection sociale garantie » à une protection sous condition, des droits aux droits conditionnels. Au prétexte de « responsabiliser » et de mettre fin à l'assistanat, plus aucun droit n'est acquis sans la condition de la « responsabilité individuelle ». Les fondements des inégalités ne sont plus recherchés dans le fonctionnement inégalitaire du système social mais dans l'irresponsabilité des victimes de ce fonctionnement. L'objectif et les fonctions de l'État ne sont plus de poursuivre une égalisation plus grande, ni même de corriger les inégalités produites par le système social. L'État doit seulement par l'égalité des chances offrir à chacun un cadre lui permettant de « *minimiser les risques et de maximiser les chances* »[175].

A la différence d'une logique d'« égalité des résultats », la logique de l'égalité des chances postule que le résultat n'est produit que si les individus s'emparent de manière responsable des « chances » qui leur sont offertes. Il ne s'agit pas d'un petit basculement : les hypothèses explicatives de l'inégalité comme les axes de revendications légitimes des citoyens et les axes d'actions légitimes des pouvoirs publics changent. Sur le plan du diagnostic, l'inégalité n'est plus appréhendée

---

[174] Discours de N. Sarkozy du 17 décembre 2008, [en ligne], URL : http://www.elysee.fr/download/?mode=press&filename=17.12_Ecole_Polytechnique_Palaiseau.pdf
[175] T. Blair, *Le Monde* du 11 février 2003.

comme un état produit par un fonctionnement social inégalitaire. Elle devient un état produit en tout ou en partie par les propres comportements (des assistés qui ne se lèvent plus, à ceux qui victimisent, en passant par ceux qui ne veulent pas travailler plus). Les revendications pour leur part ne sont plus légitimes à partir du constat inégalitaire. Il faut désormais, de surcroît, faire la preuve d'un effort dans la saisie des chances offertes. Enfin les politiques publiques s'orientent avec cette logique vers deux seuls axes : offrir des chances minimales pour ne pas inciter à l'assistanat d'une part et vérifier le mérite et l'effort pour pouvoir bénéficier de ces chances. Toute inégalité observable, toute revendication d'égalité, sont ainsi susceptibles d'être soupçonnées de résulter d'une prise de responsabilité insuffisante, d'une victimisation, d'un comportement d'assisté, d'une paresse, etc.

L'égalité des chances fonctionne comme la victimisation et le tokénisme : elle permet la mise en doute des revendications égalitaires par un retour à une vieille distinction que les luttes sociales avaient fait régresser, celle entre « destins mérités » et « destins immérités ». Ces trois logiques « déforcent » toute la légitimité des revendications égalitaires. Telle est la fonction sociale et systémique de l'égalité des chances :

« L'égalité des chances est un dispositif visant à limiter la communicabilité des revendications d'égalité sociale (...), notamment quand ces revendications portent sur l'égalité de résultat par le biais de compensation »[176].

Le vocabulaire du jeu n'est pas le fait du hasard. La victoire dans un jeu renvoie à la fois aux « capacités » du joueur et au hasard, aux chances et au mérite. Le jeu est centré sur une logique des probabilités et non sur une logique de l'équivalence. Il fonctionne à partir de la production de « gagnants » et de « perdants » sur la base des mêmes règles du jeu garanties par un arbitre. Il ne s'agit pas de produire l'égalité mais de donner à chacun ce qui lui revient en fonction de sa capacité à se saisir de « ses chances ». Le jeu se situe enfin dans « l'ici et le maintenant » sans aucun héritage historique. Or c'est justement la question de la

---

[176] R. Wendelin et M. Dimitris, « La notion d'égalité des chances dans la communication politique. Une analyse théorique », in *Revue Française des Affaires Sociales*, n° 2, 2005, p.37.

reproduction inscrite dans une histoire des inégalités que pose la question de l'égalité. Pour être conforme à la logique du jeu, il faudrait à chaque génération annuler les effets de l'inégalité des résultats entre parents. L'inégalité des résultats entre parents est constitutive de l'inégalité des chances entre enfants.

Comme le souligne le philosophe Bruno Mattei :

« Ladite égalité des chances n'est en réalité qu'un pseudo concept, véritable obstacle épistémologique et politique à tout ce qui s'avance comme réformes, voire refondation du système scolaire et sociétal. (...). On ne fera jamais l'égalité à partir des chances, pas plus qu'on ne fera un rond avec un carré. Le concept d'égalité renvoie, lui à l'effectivité des droits, les mêmes pour tous, tandis que celui de chance se meut dans une logique contraire de l'aléatoire et des probabilités »[177].

Le seul effet que peut produire l'égalité des chances est une légitimation des inégalités devenues ainsi « justes » par une naturalisation des rapports sociaux. Cette fonction de légitimation vise à faire perdre leurs forces aux contestations sociales comme en témoigne un autre discours idéologique envahissant les mondes politique et médiatiques : celui de la fameuse cohésion sociale.

---

[177] B. Mattei, *Libération* du 7 novembre 2006.

« *Un gagnant est par définition un producteur de perdants* ».

Albert Jacquard, *J'accuse l'économie triomphante.*

Chapitre 5 : La cohésion sociale ou l'approche morale du social

Agence pour la cohésion sociale et pour l'égalité des chances, ministère de la Cohésion sociale, plan de cohésion sociale, etc., comme le discours de l'égalité des chances, celui de la cohésion sociale est bien devenu un incontournable du discours politique et médiatique dominant. Ce discours apparaît, hier comme aujourd'hui, dans les mêmes périodes historiques que celui de l'égalité des chances. Que ce soit au cours de la IIIème République avec sa hantise de la lutte des classes, avec sous le maréchal Pétain et son souci d'une « cohésion nationale » éliminant les « divisions fratricides » ou aujourd'hui avec les inégalités produites par la mondialisation libérale, la cohésion sociale est au rendez-vous, de même que l'égalité des chances.

Les deux discours sont en interaction : l'égalité des chances est censée produire une cohésion sociale. Pourtant le moyen proposé (l'égalité des chances) a pour vocation officielle d'offrir à chacun la place qu'il « mérite », c'est-à-dire de produire une hiérarchie sociale légitime et des « inégalités justes », alors que l'objectif (la cohésion sociale) laisse entendre le souci de réunir les conditions d'un « vivre en ensemble » (autre récurrence du discours dominant). Articuler un moyen hiérarchisant et une finalité commune dessine de ce fait l'image d'une vision fonctionnaliste de la société, dans laquelle chaque groupe social est à une place caractérisée non pas par l'égalité, mais par la complémentarité avec les autres groupes sociaux, un vivre ensemble inégalitaire mais « juste » cohérent avec la notion d'« égalité juste » en quelque sorte.

Un air de famille lointain

Dans les sciences sociales, le concept de « cohésion sociale » fait apparaître immédiatement la figure d'Émile Durkheim. Pourtant peu de choses relient le concept de « cohésion sociale » de Durkheim et celui qui envahit les politiques publiques. Peu de choses également sont comparables dans les contextes sociaux : l'industrialisation de la fin du XIXème siècle d'une part et la mondialisation actuelle d'autre part. S'il y a un lien de famille, celui-ci est bien lointain.

Durkheim développe ses théorisations dans un contexte social marqué par l'industrialisation, un mouvement ouvrier de plus en plus puissant, un progrès dans les acquis sociaux issus des luttes et plus généralement dans des sociétés où la notion de « progrès social » est partagée (les uns le présentent comme produit par le capitalisme, les autres par les luttes sociales). C'est dans son ouvrage *La Division du travail social* en 1893 qu'il élabore ses trois concepts essentiels : la division du travail social, les deux formes de solidarité (mécanique et organique) et enfin celui de cohésion sociale. Ces trois concepts sont reliés au sein d'une analyse globale. Découpler ces trois concepts pour n'en retenir qu'un n'a pas beaucoup de sens. Comprendre la « cohésion sociale » promue aujourd'hui supposerait que l'on analyse le type de division du travail social avec lequel elle est reliée d'une part et le type de solidarité qu'elle suscite d'autre part. Nous nous proposons de regarder tout cela de plus près.

Émile Durkheim développe ses travaux en dénonçant l'illusion de l'économie libérale prétendant que le souhaitable est de faire reposer le lien social et la solidarité sur la loi de l'offre et de la demande. Nous sommes à une époque où les travaux d'Adam Smith sont dominants avec sa fameuse « main invisible » : l'offre et la demande spécialisent chacun (individu ou nation) à la place où il excelle le plus et en conséquence la poursuite de l'intérêt individuel produit spontanément la satisfaction des intérêts de tous. Durkheim remet en cause le postulat de base d'Adam Smith : ce sont les individus qui par leurs échanges sur la base de la loi de l'offre et de la demande produisent la société. Pour Durkheim au contraire c'est la société qui est à la base et qui produit les individus et les modalités de leurs interactions.

Le processus est décrit en posant deux thèses essentielles l'amenant à ses conclusions en termes de « cohésion sociale ». La première pose un lien entre division du travail social et solidarité (au sens d'interdépendance) ; la solidarité est engendrée par la division du travail social : « *C'est parce que la division du travail devient la source éminente de solidarité sociale qu'elle devient du même coup la base de l'ordre social* »[178]. Ainsi par exemple la scolarisation généralisée peut aussi s'expliquer comme une nécessité de la division du travail social se traduisant par un « solidarité nouvelle ». Mais cette solidarité « objective » ne produit pas automatiquement une cohésion sociale. Au contraire, laissée à elle-même, elle dissout les formes anciennes de cohésion (la famille par exemple) avec comme résultat des individus plus libres mais aussi avec moins de « sécurités sociales » :

« *Nous n'avons pas seulement à chercher si, dans nos sortes de sociétés, il existe une solidarité qui vient de la division du travail... il faut surtout déterminer dans quelle mesure la solidarité qu'elle produit contribue à l'intégration*[179] *générale de la société* »[180].

Pour éviter une situation d'« anomie », Durkheim propose deux conditions complémentaires : la production d'un nouveau système de « sécurités sociales » et le développement d'une « morale commune » véhiculée par le système scolaire. L'école aurait ainsi la fonction de produire un « nous » à chaque génération. L'optimisme durkheimien l'amène ainsi à une sensibilité aux inégalités sociales produites par la division du travail. Cependant ces inégalités sont analysées sous l'angle du « dysfonctionnement » ou du « désajustement » pouvant disparaître par l'action scolaire. C'est sur ce point que se construit une des critiques essentielles de l'approche durkheimienne.

---

[178] E. Durkheim, *La Division du travail social* (1893), Paris, PUF, 1978, p.396.
[179] Le concept d'intégration chez Durkheim n'a donc rien à voir comme nous l'avons déjà analysé avec celui usité dans le vocabulaire politique et médiatique contemporain. Il ne renvoie pas pour cet auteur à la sphère individuelle mais à la sphère sociale. L'intégration est le processus collectif conduisant à un certain niveau de cohésion et/ou au contraire d'anomie. Pour un approfondissement des enjeux de ce basculement du concept voir également les travaux d'Abdelmalek Sayad sur l'intégration ; par exemple A. Sayad, *L'Immigration ou les paradoxes de l'altérité,* op.cit.
[180] *Ibid.*, pp.27-28.

Ainsi par exemple Durkheim avance l'idée de deux types d'éducation. L'une dite « générale » est censée préparer aux « métiers de la pensée » et l'autre dite « spéciale » aux « métiers de la production ». Il ne s'interroge cependant pas sur le processus de hiérarchisation de cette spécialisation scolaire. Tout se passe comme si elles étaient égalitaires, comme s'il n'y avait pas d'enjeux sociaux à être orienté vers l'une ou vers l'autre. Toute la sociologie de la reproduction[181] se penchera sur les effets inégalitaires d'une certaine cohésion sociale. Certes l'éducation unifie chacun à la vie collective mais elle hiérarchise aussi. Il existe ainsi malgré tout, dans l'approche de Durkheim, un présupposé méritocratique l'amenant à occulter les effets inégalitaires du système scolaire.

Malgré ces critiques que nous partageons et qui donnent cet « air de famille » lointain avec le discours actuel sur la cohésion sociale (inégalités comme issues d'un désajustement et non du fonctionnement social lui-même, absolutisation du rôle égalitaire de l'école, méritocratie dans un système qui n'interroge pas les causes structurelles, etc.), le concept de cohésion sociale de Durkheim n'a pas grand-chose à voir avec sa traduction libérale actuelle. Il est, en effet, difficile de percevoir les effets de « solidarité objective » produits par la division du travail social de la mondialisation actuelle. Ce qui se révèle plutôt ce sont des processus de délocalisation, de paupérisation et de précarisation. De même Durkheim développe ses thèses dans une philosophie du « progrès social » appelant à une intervention de l'État pour corriger les effets négatifs de la division du travail[182], alors que le discours contemporain de cohésion sociale se tient dans une philosophie de désinvestissement de l'État. Enfin le discours de cohésion sociale s'adosse non pas au principe de l'égalité et de la justice sociale mais (comme pour le discours de la diversité) à partir de ses effets escomptés sur l'amélioration de la compétitivité.

L'œuvre de Durkheim a donné naissance à de nombreuses lectures et interprétations. Parmi celles-ci la relecture libérale de Talcot Parsons est déjà ancienne. C'est dans l'œuvre de cet auteur, qui a influencé fortement

---

[181] En particulier à travers les travaux de Pierre Bourdieu ; cf. par exemple P. Bourdieu, *La Reproduction. Éléments pour une théorie du système d'enseignement*, Paris, Minuit, 1970.
[182] Il en naîtra le « solidarisme » de Léon Bourgeois, partisan d'une politique publique offensive visant à corriger les inégalités sociales.

la sociologie états-unienne du vingtième siècle, que se trouvent, selon nous, les racines du concept de « cohésion sociale » tel qu'il est usité dans le discours contemporain. Bien sûr il n'est pas question ici de discuter l'ensemble d'une œuvre aussi riche et aussi diverse. Soulignons simplement quelques aspects liés au concept de « cohésion sociale ». Parsons est, selon nous, fondamentalement évolutionniste et il considère les sociétés industrielles comme le dernier palier de l'évolution. Bien sûr ces sociétés sont perfectibles mais à condition que ces « changements » ne remettent pas en cause la logique d'ensemble. C'est ce qui conduit Parsons à choisir l'« ordre social » comme porte d'entrée et à privilégier l'émergence du « consensus » plutôt que l'analyse du conflit. Cela le conduit à une logique utilitariste visant à rechercher les conditions d'un ordre social et de sa reproduction.

Pour Parsons, les sociétés humaines fonctionnent selon les mêmes mécanismes que l'ensemble des systèmes vivants : elles s'autorégulent. Certes des dysfonctionnements ne cessent d'apparaître mais le système social s'ajuste en s'adaptant pour retrouver l'ordre. Les politiques publiques mais aussi la sphère économique sont un des aspects de ces processus de réajustement. La fonction des pouvoirs publics est en particulier de produire de la « cohésion sociale » dans une société qui est en permanence soumise à des changements, des désajustements, des déséquilibres. La motivation essentielle des politiques publiques ne relève pas de la poursuite de l'égalité ou de la justice mais de la correction des désajustements pour rétablir l'ordre. Dans ce cadre, la démocratie n'est plus un choix politique ou un idéal, mais une nécessité du système social qui permet les ajustements.

La notion même de dysfonctionnement suppose un postulat de l'existence d'un équilibre normal qui pour Parsons est la société actuelle débarrassée des désajustements et déséquilibres. Alors que Durkheim défend encore l'idée que rien ne justifie socialement l'inégalité tout en considérant que « l'égalité des chances » est le mécanisme qui produirait l'égalité, Parsons au contraire estime les inégalités nécessaires : elles ont une fonction dans le rétablissement de l'équilibre du système. Pour simplifier, les trois éléments suivants contribuent à permettre un retour à l'ordre et à l'équilibre :

l'inégalité sociale comme nécessité fonctionnelle : l'inégalité est perçue comme stimulant l'engagement personnel, développant les efforts, produisant des talents et une élite par la concurrence, etc. On peut voir ici la parenté avec l'ensemble des discours dominants sur l'excellence contre la médiocratie, la concurrence contre l'assistanat et l'« égalitarisme », le développement des talents contre le nivellement par le bas, etc. Ce qui est posé ici c'est que toute société a besoin d'inégalité sociale.

Ces inégalités sociales ne sont supportables qu'à la condition que la société soit fluide : le système scolaire a pour fonction d'assurer cette « fluidité » en traitant également tous les enfants. La parenté avec le discours contemporain de « l'égalité des chances » est également importante.

Une seconde condition pour que les inégalités soient supportables est le partage par tous de « valeurs communes » que les pouvoirs publics se doivent de « consolider » ou au pire de « restaurer ». Ici aussi force est de s'interroger sur la parenté avec les discours contemporains sur le retour à des valeurs que « mai 68 » aurait ébranlées, mais aussi à toute la thématique sur « les valeurs de la République » qui seraient menacées et qu'il faudrait rétablir.

Dans cette grille d'analyse, est posé un implicite sur le périmètre de ce qui est contestable : la compétition méritocratique permettant la production d'une « cohésion sociale » fonctionne comme un jeu dans lequel tous les joueurs acceptent les règles du jeu. La cohésion sociale n'est possible qu'en interdisant la contestation des règles de telle sorte que « gagnants » comme « perdants » soient persuadés que l'inégalité de « gains » est le reflet de talents et/ou d'efforts et/ou de mérites différenciés. Dans ce schéma global, est posée en implicite une théorie de l'intégration individuelle : tous les comportements ou analyses qui ne contribuent pas à la « cohésion sociale » ne peuvent conduire qu'à l'anomie. Les comportements non conformes à cette « cohésion sociale » sont socialement pathogènes et doivent être soignés et/ou combattus.

Bien sûr les analyses de Parsons sont plus nuancées et plus complexes que celles que nous avons présentées. Cependant la logique générale du raisonnement explique la redécouverte de l'approche parsonsienne au moment historique où se développent la mondialisation libérale, ses conséquences en termes d'accroissement des inégalités et ses exigences d'abandon de l'intervention de l'État comme garant de l'égalité et même simplement comme correcteur des inégalités les plus flagrantes.

Un concept non défini

Le concept et le discours de la cohésion sociale sont autant envahissants que non définis. Plus on en parle, moins ils le sont. Au niveau européen, la « cohésion sociale » est propulsée au deuxième sommet des chefs d'Etat et de gouvernement d'octobre 1997 au titre de « *besoin prioritaire* ». En 1998, est créé un Comité européen pour la cohésion sociale. Il existe une Direction générale de la Cohésion sociale (dite DG III). Une revue régulière est publiée, *Tendances de la cohésion sociale* avec par exemple un numéro 16 intitulé « *Concilier flexibilité du travail et cohésion sociale : des idées pour l'action politique* »[183]. Citons également : une stratégie européenne de cohésion sociale, des indicateurs européens de cohésion sociale, etc. Et malgré toute cette effervescence la cohésion sociale reste largement indéfinie. Pourtant il existe une définition officielle du Conseil de l'Europe mais son contenu laisse perplexe du fait de son caractère de généralité :

« *Il est proposé dans ce guide de définir la cohésion sociale d'une société moderne comme la capacité de la société à assurer de façon durable le bien-être de tous ses membres, incluant l'accès équitable aux ressources disponibles, le respect de la dignité dans la diversité, l'autonomie personnelle et collective et la participation responsable* »[184].

Au niveau national, l'indéfinition est tout aussi importante. Une des rares définitions existantes provient du Commissariat général au Plan :

La cohésion sociale est « l'ensemble des processus sociaux qui contribuent à ce que les individus aient le sentiment d'appartenir à une même communauté et se sentent reconnus comme appartenant à cette communauté »[185].

Comme le souligne Jacques Donzelot, nous sommes en présence d'un concept mou :

---

[183] Revue *Tendances de la cohésion sociale*, Conseil de l'Europe, 2006.
[184] *Élaboration concertée des indicateurs de cohésion sociale- guide méthodologique*, éditions du Conseil de L'Europe, 2005, p.23.
[185] Commissariat général au plan, C*ohésion sociale et territoire*, Paris, La Documentation Française, 1997, p.16.

« La cohésion sociale semble, à bien des égards, un concept mou aux contours flous. Il désigne tantôt des politiques sociales plus ou moins novatrices, tantôt le civisme et la participation démocratique à la vie de la société locale ou nationale. Bref, on le met à toutes les sauces »[186].

Pour Jacques Donzelot, l'indéfinition du concept est à relier à ce qu'elle occulte. Le concept de cohésion sociale marque, selon lui, un abandon de la « solidarité » telle qu'elle a fonctionné dans les politiques publiques au cours des Trente glorieuses. La cohésion sociale remplace ainsi le « progrès social » dans l'argumentaire des politiques publiques, de la place et du rôle de l'État. Cela ne veut pas dire que l'État et ses politiques publiques ont abandonné toute référence à la solidarité. Au contraire, ce terme est lui aussi en inflation dans le discours politique. Simplement le contenu du terme solidarité change au sein du discours de « cohésion sociale ». La « solidarité » portée par la « cohésion sociale » ne renvoie plus à des politiques de redistributions et/ou de corrections. La réorientation des bases de la solidarité se produit selon cet auteur de deux manières. La première est celle de l'appel à la solidarité horizontale que les politiques publiques se doivent de soutenir. Il s'agit désormais de « renforcer le lien social », de « développer la citoyenneté », de consolider la « solidarité intergénérationnelle », de « mobiliser les réseaux » de la personne, etc. La seconde manière est la production d'un consentement à l'autorité de l'État mais qui ne s'argumente plus de la réduction des inégalités sociales. Désormais le consentement à l'autorité de l'État s'argumente de l'augmentation des chances des individus.

Paul Bernard insiste pour sa part sur les raisons de l'indétermination du concept qu'il appelle « un quasi-concept » :

« La notion de cohésion sociale présente les signes caractéristiques d'un quasi-concept c'est-à-dire d'une de ces constructions mentales hybrides que le jeu politique nous propose de plus en plus souvent, à la fois pour détecter des consensus possibles sur une lecture de la réalité et pour les forger. Je dis hybrides parce que ces constructions ont deux faces : elles sont d'une part fondées, en partie et sélectivement, sur une analyse des données de la situation, ce qui leur permet à la fois d'être

---

[186] J. Donzelot, « Refonder la Cohésion Sociale », in revue *Esprit*, n°330, décembre 2006.

relativement réalistes et de bénéficier de l'aura légitimante de la méthode scientifique ; et elles conservent d'autre part une indétermination qui les rend adaptables aux différentes situations, assez flexibles pour suivre les méandres et les nécessités de l'action politique au jour le jour. Cette indétermination explique qu'il soit si difficile de déterminer ce que signifie la cohésion sociale »[187].

Pour l'auteur, un quasi-concept est un indicateur *« de ce que le discours politique veut dire et de ce qu'il veut taire »*[188]. En l'occurrence, nous pensons effectivement que le discours de la cohésion sociale vise à accompagner le désinvestissement de l'État par un appel à la solidarité horizontale. Au mieux l'État se pense comme un dispositif d'épaulement du secteur associatif auquel est déléguée la prise en charge des effets catastrophiques de ses choix économiques libéraux. Le rapport du Commissariat général au Plan précédemment cité souligne d'ailleurs que le concept en remplace un autre, celui d'insertion, à la fin de la décennie 80 :

« Le premier concept (l'insertion) marquait une volonté et une détermination, traduisant en quelque sorte une certitude : grâce à des actions bien conçues, on peut préparer chacun à trouver une place dans la société. Le second (cohésion sociale) manifeste aujourd'hui une interrogation, un effroi : qu'est-ce qui fait que nous ne sommes plus capables, comme hier, de vivre ensemble avec nos valeurs communes ? »[189].

Le discours de cohésion sociale apparaît dès lors comme un accompagnement/occultation des effets désastreux du libéralisme économique en termes d'inégalités sociales et de paupérisation. Ayant renoncé à une intervention de l'État en vertu du dogme libéral, il ne reste plus qu'un appel à la solidarité horizontale, à la responsabilité de chacun sur le devenir de ses proches, à un recours à la société civile pour prendre en charge les effets du fonctionnement social inégalitaire. Bref un diagnostic contraint de reconnaître les effets de paupérisation de la

---

[187] P. Bernard, « La cohésion sociale : critique dialectique d'un quasi-concept », in *Lien social et politique*, Centre de Recherche sur les Politiques et le Développement Social, Université de Montréal, n° 41, mars 1999, pp.47-61, p.2.
[188] *Ibid.*, p.3.
[189] Commissariat général au Plan, *Cohésion sociale et territoire*, op.cit., p.13.

« mondialisation » mais proposant une thérapeutique en termes de compassion et de valeurs, occultant systémiquement la recherche des causes.

Abordons maintenant les mécanismes par lesquels le discours de cohésion sociale tente de produire du consentement à un État abandonnant toute préoccupation égalitaire.

Un concept défini par ce qu'il n'est pas

Le concept de « cohésion sociale » est anxiogène. Pour se déployer le discours le concernant doit mettre en scène ce qui menace la cohésion sociale plutôt que ce qu'elle est. Le discours politique contemporain est empli de ces menaces sur la « cohésion sociale » contre lesquelles il convient de se mobiliser : le communautarisme et le repli communautaire, l'individualisme, les émeutes urbaines, la fracture sociale, la perte des valeurs de l'effort et du travail, la laïcité menacée, etc. Parmi la multiplicité des figures de la menace, quatre d'entre elles reviennent de manières plus récurrentes que d'autres : le sans-papier qui menace la cohésion sociale parce qu'il grèverait les budgets sociaux et serait facteur d'insécurité et de dérégulation du marché du travail ; les immigrés musulmans et leurs enfants qui auraient des « cultures » comportant des valeurs menaçantes pour notre « modèle social » ; les jeunes des quartiers populaires désagrégeant le lien social des cités par la violence, la toxicomanie, les émeutes, etc. ; les pauvres « assistés » et ceux qui ne se lèvent pas tôt qui mettent à mal notre modèle d'aide aux plus défavorisés.

Ce qu'il y a de commun à ces différentes figures c'est que les grilles explicatives avancées éliminent systématiquement les analyses en termes d'inégalités économiques et sociales. Les hypothèses se recherchent ailleurs : crise du lien social du fait de l'individualisme, crise de « l'intégration » du fait de « valeurs » incompatibles avec la démocratie ; crise des « banlieues » du fait du laxisme et de mai 68 ; assistanat du fait d'une perte de la valeur travail ; etc. Avec de telles hypothèses les réponses ne sont pas à rechercher dans la sphère de la répartition des richesses. Elles ne peuvent se trouver que dans celle des valeurs qu'il faudrait réaffirmer, des principes qu'il conviendrait de consolider ou de rétablir, de notre identité nationale qu'il faudrait défendre, etc. Effectivement le discours sur les valeurs accompagne celui sur la cohésion sociale. Nicolas Sarkozy reprend même une expression d'Edgar Morin en parlant d'une crise morale nécessitant « *une politique de civilisation* » :

« *Pour la première fois depuis 30 ans il ressort du débat électoral que la France n'est pas confrontée à une simple crise du moral, mais à une véritable crise morale. Cette crise morale on en mesure la profondeur, quand on voit ce que le seul fait de parler de l'identité nationale peut provoquer d'hystérie dans une partie de la classe politique, dans certains milieux intellectuels, dans les médias* »[190].

La situation est grave, non pas en raison de l'ampleur de la paupérisation et de l'accroissement des inégalités sociales, mais pour des raisons de « valeurs ». Soulignons quelques conséquences d'un tel diagnostic. La première et la plus importante est la diffusion sociale de la peur et de l'inquiétude. Pierre Tévanian parle de « ministère de la Peur »[191]. Didier Bigo préfère l'expression de « gouvernementabilité par l'inquiétude »[192] signifiant pour lui un changement régressif du modèle de l'État :

« *Cette forme pré post hobbesienne d'État semble hyperboliquement renoncer au contrat social et transformer l'inquiétude en mode de gestion. Il ne s'agit plus de soigner et de faire fructifier en individualisant mais de jouer sur les peurs en désignant des minorités potentiellement dangereuses (...). Cette technologie du politique s'appuie sur le proactif, l'anticipatif, le morphing, et vise ni plus ni moins au projet de maîtriser un avenir chaotique par une gestion minimaliste se focalisant uniquement sur les groupes à risque* »[193].

Outre cette production de l'inquiétude par la désignation de « groupes à risques », le discours de cohésion sociale a une seconde conséquence essentielle : l'appel à la responsabilisation individuelle. Les causes de la

---
[190] Discours de Nicolas Sarkozy à Nice le 30 mars 2007.
[191] P. Tévanian, *Le Ministère de la peur, réflexion sur le nouvel ordre sécuritaire*, Paris, L'Esprit frappeur, 2003.
[192] D. Bigo, « Sécurité et immigration : Vers une gouvernementabilité de l'inquiétude », in, *Cultures et Conflits*, n° 31-32, Paris, L'Harmattan, 1998, pp.13-38, [en ligne], mis en ligne le 16 mars 2006, consulté le 24 décembre 2008, URL : http://conflits.revues.org/index539.html.
[193] *Ibid*.

« crise » étant morales, de valeurs, d'éducation, etc., chaque citoyen en difficulté est appelé à se percevoir comme coresponsable de sa situation. La sur-responsabilisation individuelle se développe en même temps que l'on renonce à une responsabilité nationale par le biais de l'État. Le discours sur la citoyenneté et sur la victimisation s'articule ici au discours de cohésion sociale. L'assistanat doit en conséquence être combattu. Il est le signe d'une citoyenneté passive et le résultat d'une victimisation. Chacun est appelé à se remobiliser et à prendre ses responsabilités. L'État limite son rôle à promouvoir cette « citoyenneté active » d'une part et à faire le tri entre les citoyens en difficulté qui se remobilisent et ceux qui par leurs comportements menacent la cohésion sociale, d'autre part. Denis Helly insiste à juste titre sur l'origine et les conséquences de cette « citoyenneté active » :

« Durant les années 1980-1990, un débat public et académique, entamé par des courants néolibéraux et repris par les courants sociodémocrates européens et américains, illustre l'enjeu de ce discours, à savoir la nature de la citoyenneté : est-elle passive et signifie-t-elle la simple jouissance de droits où est-elle active et comporte-t-elle des obligations et des responsabilités vis-à-vis de la société globale ? Il est avancé que les programmes de solidarité collective engendrent une irresponsabilité, une inertie des récipiendaires, et, ce faisant handicapent la croissance économique. L'objectif n'est pas uniquement d'assumer les coûts individuels du chômage et de la marginalisation sociale, mais de réintroduire du risque pour responsabiliser les individus ; il faut assujettir l'accès aux prestations sociales publiques (allocation chômage, allocation maladie, aide sociale) à des conditions (formation professionnelle, recherche d'emploi, comportement) »[194].

Si sur le plan explicatif le discours de cohésion sociale s'articule avec les discours de victimisation et de citoyenneté, sur le plan de l'action souhaitable il entre en écho avec le discours de l'égalité des chances. Tous ces discours (victimisation, tokénisme, égalité des chances, citoyenneté active, cohésion sociale, etc.) ont un point commun essentiel : invalider les grilles d'analyses en termes d'inégalité sociale et

---

[194] D. Helly, « La légitimité en panne ? Immigration, sécurité, cohésion sociale, nativisme », in *Cultures et Conflits*, n°74, été 2009, pp.11-64, [en ligne], mis en ligne le 27 mars 2009, consulté le 24 décembre 2009, URL : http://conflits.revues.org/index17270.html

en conséquence délégitimer les revendications d'égalité. La « mixité sociale » est un des remèdes les plus récurrents mis en avant pour restaurer et/ou consolider la cohésion sociale. Nous nous proposons de regarder tout cela de plus près.

« La majestueuse égalité des lois interdit aux riches comme aux pauvres de dormir la nuit sous les ponts, de mendier dans les rues et de voler du pain ».

Anatole France, *Le Lys rouge.*

Chapitre 6 : La mixité sociale ou la pathologisation des milieux populaires

La mixité sociale comme moyen de la cohésion sociale est devenue une autre récurrence du discours médiatique et politique dominant. Apparue à propos du logement social, la mixité sociale envahit désormais l'ensemble des sphères de l'action publique : scolarisation, garde d'enfant, loisirs, etc. Son association fréquente à la volonté de combattre le « communautarisme » souligne que nous sommes ainsi devant un euphémisme visant à désigner la question de la mixité ethnique. Pour ce discours également, l'indéfinition est la caractéristique première de cette catégorie discursive. Il possède ainsi une flexibilité permettant de le brandir pour justifier des décisions de refus d'accéder à une demande, en dépit de la réunion de toutes les conditions de recevabilité.

Le moment historique d'émergence du discours de la mixité sociale est le même que celui des discours précédents : les décennies 80 et 90. Il convient en conséquence de s'interroger sur le lien entre mixité sociale et libéralisme. Le renoncement à une politique de logement social offensive pourrait alors apparaître comme la véritable raison de déploiement de ce discours. De surcroît, les conséquences de la paupérisation sur les quartiers populaires et leurs habitants entraînent, dès la décennie 80, une série de révoltes qui culminera avec l'embrasement de novembre 2005. Si la mixité sociale, en dépit de l'inflation des mesures qui s'en réclament, n'a rien changé à la réalité de la distance sociale, elle a en revanche des effets d'images stigmatisantes réels sur les quartiers populaires et leurs habitants.

Une origine liée au logement

La première référence qu'on peut trouver à la mixité sociale (bien que le terme ne soit pas effectivement utilisé) est le décret du 19 mars

1986[195]. L'idée d'une nécessité d'agir pour diversifier la composition sociale des quartiers est abordée de manière laconique au détour d'un article : La nécessaire diversité de la composition sociale de chaque quartier [196]. Le terme « nécessaire » présente cette diversification comme une évidence non discutable. La loi Besson du 31 mai 1990 reprend la même formule de « nécessaire diversité » mais cette fois-ci étendue à « *chaque quartier, chaque commune et chaque département* ». La première (qui sera la dernière) logique argumentaire se trouve dans la Loi d'orientation pour la ville du 13 juillet 1991 (LOV) qui n'utilise cependant pas encore les termes de « mixité sociale » : Il s'agit de « *favoriser la cohésion sociale* » et « d'*éviter ou* de *faire disparaître les phénomènes de ségrégation* ».

Hacène Belmessous[197] a raison de souligner que dès cette première tentative argumentaire la question de l'euphémisation de la réalité désignée est posée. En effet le contexte des débats et du vote de la LOV est celui des « émeutes » de Vaulx-en-Velin en octobre 1990, Mantes-la-Jolie en mai 1991 et Sartrouville en juin 1991. Derrière les « catégories sociales » qu'il faut mixer de la LOV, il faut donc entendre des « catégories ethniques ». La loi contre les exclusions fait apparaître pour la première fois l'expression, dans son article 56, mais sans la définir : « *l'attribution des logements locatifs sociaux doit notamment prendre en compte la diversité de la demande constatée localement. Elle doit favoriser l'égalité des chances des demandeurs et la mixité sociale des villes et des quartiers* ». Tous les textes ultérieurs concernant le logement et/ou la ville reprendront cet objectif sans le définir plus précisément et ce jusqu'à aujourd'hui.

L'indéfinition du concept permet une flexibilité de son utilisation. Ainsi la HALDE souligne de manière euphémisée l'existence « d'usages négatifs » de la notion :

---

[195] Pour une approche plus approfondie de l'histoire du concept, consulter l'excellente analyse sur laquelle nous nous sommes appuyé : E. Deschamps, « Approche critique et juridique des normes relatives à la mixité sociale », in, *Informations Sociale*s, 2005/5, n° 125, pp.48-61, [en ligne], consulté le 24 décembre 2009, URL : http://www.gridauh.fr/sites/fr/fichier/3f05b8f920935.pdf
[196] *Ibid.*, p.48.
[197] H. Belmessous, *Mixité sociale, une imposture : retour sur un mythe français*, Nantes, éditions de l'Atalante, 2006.

« Pratiques d'attribution de logements sociaux, en particulier sous la forme de politique de peuplement fondée sur la définition de seuils de tolérance visant à limiter l'accès au logement social de catégories de populations à risques »[198].

Loin d'être seulement un usage négatif, il s'agit en fait de l'usage le plus courant. La mixité sociale a été investie par de nombreux élus et par de nombreux bailleurs comme légitimation des politiques visant à attirer les « couches moyennes » et donc, de fait, à écarter les milieux populaires. C'est en tous cas ce que constate ATD-Quart monde : *« (elle) est utilisée par les communes détruisant des logements sociaux et lançant des programmes urbanistiques destinés à séduire les catégories aisées »*[199].

La suite du processus consiste en l'extension de la catégorie aux autres sphères de la vie sociale telle que, par exemple, le décret du 19 décembre 1997, dans la partie relative aux aides à la garde d'enfants ou le décret du 25 avril 2002, relatif aux organismes de tourisme et de vacances. Reprise par des organismes tels que les CAF, les centres sociaux, etc., la « mixité sociale » devient une référence systématique sans pourtant être jamais précisée dans son contenu et dans ses objectifs. Voici comment Nicolas Sarkozy aborde la question de la mixité sociale en ce qui concerne la sphère scolaire :

« Je remplacerai la carte scolaire par une obligation de mixité sociale, géographique et scolaire des effectifs qui pèsera sur les établissements. Je donnerai aux familles la possibilité de choisir l'école de leurs enfants. Nous ne pouvons nous résoudre à obliger des enfants méritants, qui n'ont ni les moyens, ni les relations pour s'affranchir de la carte scolaire à fréquenter des établissements médiocres pour afficher un semblant de mixité sociale et scolaire »[200].

Lorsqu'un concept est marqué par l'indéfinition, il convient d'interroger ses implicites. Ici ceux du président de la République sont

---

[198] Délibération de la HALDE n° 2009-133 du 16 mars 2009.
[199] D. Desponds, « La Mixité sociale défiée par les égoïsmes territoriaux », in revue *Quart Monde »*, n° 197, 2006.
[200] N. Sarkozy, discours d'Angers le 1er décembre 2007.

précis : il ne s'agit pas d'assurer l'égalité scolaire mais d'ouvrir le système à quelques méritants. Tokénisme, quand tu nous tiens...

Les implicites du discours de la mixité sociale

Le premier implicite du discours est l'affirmation d'une baisse massive de la mixité sociale. Le discours actuel sur les quartiers populaires sous-entend l'existence dans le passé d'une période où la mixité sociale aurait été assurée. Cette présentation du passé comme marquée par la « mixité sociale » est nécessaire pour produire « l'inquiétude » que nous avons soulignée dans le chapitre précédent. Ainsi par exemple ces dernières décennies sont présentées comme caractérisées par le « communautarisme » ayant mis à mal la « mixité sociale ». Or contrairement à ce discours la division sociale de l'espace est un fait très ancien. La ville et l'habitat ont toujours été un champ où se reflétaient les inégalités sociales. Du XIXème siècle et son discours sur les quartiers « de dépravation et de gangrène », à la conquête du logement social des décennies 50 et 60 et ses quartiers homogènes socialement, en passant par les cités ouvrières, les courées textiles et les corons miniers[201], etc., ce n'est pas la « mixité sociale » qui domine.

Engels décrit déjà en 1872 le processus débouchant sur une répartition sociale de l'espace d'habitation contradictoire avec l'idée de « mixité sociale » :

« L'extension des grandes villes modernes confère au terrain dans certains quartiers, surtout dans ceux situés au centre, une valeur artificielle, croissant parfois dans d'énormes proportions...On les démolit (les logements ouvriers) et à leur place on construit des boutiques, des grands magasins, des bâtiments publics...Il en résulte que les travailleurs sont refoulés du centre des villes vers la périphérie, que les logements ouvriers et d'une façon générale les petits appartements deviennent rares et chers, et que souvent même ils deviennent introuvables. Car, dans ces conditions, l'industrie du bâtiment, pour qui les appartements à loyer élevé offrent à la spéculation un champ

---

[201] Les courées étaient des habitats traditionnels construits aux abords des grandes usines textiles. Les corons étaient des logements bâtis aux abords des mines de charbon.

beaucoup plus vaste, ne construira jamais qu'exceptionnellement des logements ouvriers »[202].

La première « modernisation » de la ville dans la deuxième moitié du XIXème siècle a produit une logique urbaine d'ensemble, assignant à chaque classe sociale des territoires d'habitation spécifique. Des premiers HBM (Habitation Bon Marché) de la loi Siegfried en 1894, à la loi Sarraut de mars 1928 marquant la première intervention massive de l'État en matière de logement, au boom de la construction de l'après-guerre, jusqu'à la montée en puissance des HLM à partir de 1953, cette logique de projection spatiale des classes et couches sociales ne se démentira pas. La construction des logements sociaux se réalise sur la base d'une spécialisation sociale des espaces :

« *La rénovation est donc un processus qui permet le développement de la production de logements neufs en entraînant à la fois la production de logements bourgeois au centre et celle de logements populaires à la périphérie. Mais elle permet aussi la réappropriation de l'espace central des villes par les diverses fractions de la classe dominante : multiplication des bureaux et des commerces de luxe, apparition de nouvelles formes d'artisanat (liées aux transformations du goût des anciennes et nouvelles couches moyennes), la réhabilitation et la restauration des vieux appartements (liées à une redécouverte de « l'ancien » et de « l'authentique »)...Par là même, l'expulsion par le biais de la rénovation (et la distribution spatiale) d'une grande partie de la classe ouvrière* »[203].

Ceux qui accèdent à ces nouveaux logements sociaux sont homogènes socialement : les ouvriers les plus qualifiés, les employés et les couches moyennes. Pour la bourgeoisie : les quartiers spécifiques et le centre ville ; pour les couches moyennes et le haut de la classe ouvrière : les HLM. Pour les ouvriers non qualifiés et l'immigration, il restera les taudis, les cités d'urgence et les cités de transit, après avoir connu pendant une longue période les bidonvilles. Le tournant libéral en matière de logement social qui s'enclenche à la fin de la décennie 60 fera le reste.

---

[202] F. Engels, *La Question du logement*, Paris, Editions sociales, 1957, p.23.
[203] M. Pialoux et B. Theret, « État, classe ouvrière et logement social », in *Critique de l'Économie Politique*, n°9, octobre-décembre 1979, pp.22-72, et n°10, janvier-mars 1980, pp.53-93, pp.44-45.

Il ne s'agit pas d'accroître la construction de logements sociaux pour ouvrir ce type d'habitation à ceux qui n'y ont pas accès du fait du prix des loyers mais d'inciter les locataires de l'époque à quitter ces quartiers pour des « pavillons » que l'on promeut :

« De Chalandon à Guichard, du concours de maisons individuelles (dites « chalandonnettes ») *à la dénonciation des grands ensembles « inhumains » (circulaire Guichard en 1973), jusqu'à l'apologie par Valéry Giscard d'Estaing des nouveaux « villages » (où l'on doit retrouver le sens de la vie « communautaire » grâce à un harmonieux équilibre entre pavillons et « petits collectifs »), la politique de l'État vise à faciliter la production industrialisée de logements individuels à bon marché produits à un prix qui permette de garantir aux constructeurs un profit suffisant »*[204].

Olivier Masclet[205] a décrit les mesures prises pour inciter à ce « transvasement de classes sociales » déplaçant les uns vers les « pavillons » et les remplaçant par d'autres, sur fond de désinvestissement financier de l'État en matière de logement social (arrêté d'octobre 1968 contraignant les organismes bailleurs à accueillir un contingent de 30% de mal-logés, loi Barre de 1977 d'encouragement à l'accession à la propriété, etc.) et les thèmes idéologiques de justification (embourgeoisement de la classe ouvrière, égoïsme des membres des couches moyennes restant en HLM, discours humaniste de lutte contre les taudis, etc.). Il a également souligné une des motivations essentielles : déstabiliser de nombreuses communes de gauche qui avaient une base électorale importante dans les habitants des logements sociaux. Nous sommes loin, on le voit, d'une préoccupation de « mixité sociale » de la part des pouvoirs publics.

Effectivement de nombreuses familles pauvres accèdent au logement social dans les décennies 1970 et 1980 et parmi elles plus particulièrement des familles issues de l'immigration. Cependant cela ne se réalise pas dans l'ensemble du parc de logements sociaux. Les organismes bailleurs réagissent aux nouvelles orientations politiques en sacrifiant les secteurs les moins attractifs, en accroissant la spécialisation

---

[204] *Ibid.*, p.77.
[205] O. Masclet, « Du « bastion » au « ghetto » - le communisme municipal en butte à l'immigration », in *Actes de la Recherche en Sciences Sociales,* 2005/4, Paris, Le Seuil, pp.10-25.

sociale des différents segments de leur parc. C'est dans ce processus global de transvasement qu'apparaît la thématique de la « mixité sociale » avec des arguments qui sont les mêmes qu'aujourd'hui : alerte à la constitution de « ghettos », discours nostalgique sur un passé où existait soi-disant un « équilibre des populations », imputation de la dégradation objective[206] à la culture des locataires, plutôt qu'à leur situation sociale ou aux choix de gestion des bailleurs.

Au cœur de cette logique se trouve la question de l'immigration. Le brassage social que l'on souhaite est de plus en plus un euphémisme pour désigner un brassage ethnique dans une logique intégrationniste : les « regroupements communautaires » volontaires selon certains, construits par la droite selon d'autres, freineraient l'intégration. La porte était ouverte à la notion de « seuil de tolérance ». La « mixité sociale » pouvait devenir une légitimation « respectable » pour discriminer dans l'accès à certains segments du parc de logement social d'une part, favoriser l'assignation à d'autres segments d'autre part et enfin, dans un contexte de manque de logements sociaux, pour interdire tout simplement cet accès. Sylvie Tissot a raison de caractériser la « mixité sociale » comme : « *Une catégorie d'amalgame et de brouillage, catégorie faiblement objectivée, elle est un outil de pratiques discriminatoires s'opérant sur le mode du secret et de l'arrangement* »[207], une catégorie ne s'adressant implicitement qu'aux populations issues de l'immigration : « *Il existe des mots d'ordre dont la portée est censée être universelle, mais dont l'usage est réservé à une catégorie précise de la population : ainsi le mot « intégration » pour les immigrés, mais aussi la notion de mixité sociale* ».

La même logique a été décrite pour les autres « biens rares »[208] à propos desquels on parle également de « mixité sociale », de manière

---

[206] Dégradation objective il y a en effet. N'oublions pas, de fait, que ces nouvelles couches sociales qui accèdent au logement social sont touchées massivement par les restructurations industrielles des décennies 70 et 80 et par leurs effets de paupérisation et de précarisation. Les travailleurs immigrés en particulier ont payé lourdement ces restructurations.
[207] S. Tissot, « Une discrimination informelle ? - Usage du concept de mixité sociale dans la gestion des attributions de logement HLM », in *Actes de la Recherche en Sciences Sociales*, n°159, Paris, Seuil, 4/2005, p.56 et 68.
[208] Pour la mixité sociale comme solution aux difficultés scolaires consulter E. Charmes, « Pour une approche critique de la mixité sociale. Redistribuer les populations ou les

récurrente. Elle est particulièrement effrénée dans les périodes où se développent des mouvements revendicatifs et/ou des explosions sociales. A chaque révolte d'un quartier populaire le discours de la mixité sociale connaît une nouvelle jeunesse. Le second implicite de la mixité sociale est, en effet, un postulat sans cesse affirmé mais jamais démontré : la concentration de familles ayant des traits sociaux communs empêcherait le développement d'une vie sociale harmonieuse. Ce postulat peut se décliner soit à propos des groupes sociaux, soit à propos des origines ethniques et débouche sur la perspective « effrayante » du ghetto. En conséquence, la mixité sociale est censée être porteuse de vie harmonieuse, d'équilibre et de paix sociale.

Bien sûr la répartition de l'espace d'habitation n'est pas un invariant historiquement. En fonction des époques, il y a eu cohabitation des différentes classes sociales sur un même territoire ou au contraire séparation des espaces. Cependant, la présence dans un même territoire, et même dans un même immeuble, de classes sociales différentes ne signifie pas la disparition de toute hiérarchie sociale, ni une vie sociale plus féconde :

« *Certaines époques ont préféré un mélange que l'on peut appeler vertical : les étages des immeubles recevaient des couches de populations variées ; d'autres ont prôné la ségrégation horizontale : Haussmann repoussant en fait les ouvriers à la périphérie de la ville en est souvent donné comme l'initiateur. Dire qu'un quartier homogène est stérilisant (...) repose davantage sur des principes ou des idéologies que sur une description précise de la réalité* »[209].

Plusieurs travaux ont pourtant souligné les effets en termes d'appropriation de l'espace dans les situations de cohabitation inégalitaire : le groupe dominant s'approprie les lieux et l'espace au détriment du groupe dominé. La rencontre entre groupes sociaux sur un même territoire ne relève pas simplement de l'objectivité des faits. Elle est encadrée par la dimension subjective, elle-même largement produite

---

ressources », in *La Vie des Idées*, 2009, pp.1-13, [en ligne] mis en ligne le 10 mars 2009, consulté le 24 décembre 2009, URL : http://www.laviedesidees.fr/IMG/pdf/20090310_mixitefinale.pdf.
[209] M. Coornaert, « Ville et quartier », in *Cahiers Internationaux de Sociologie*, volume XL, Paris, PUF, janvier-juin 1966, p.98.

par la culture de classe du groupe dominant d'une part et par les images du groupe dominé véhiculées par le discours politique et médiatique, d'autre part. Les conditions de la rencontre et les modalités de la « cohabitation » sont surdéterminées socialement que ce soit dans un quartier, un immeuble ou une salle de classe. Comme le souligne Carmel Camilleri à propos de la « cohabitation de groupes étrangers en relation inégalitaire » : « *Quand un groupe cohabite avec un autre, il est plus exact et plus opérationnel d'affirmer qu'il cohabite avec l'image qu'il s'en fait. Il est, en effet, très insuffisant d'analyser la réalité objective du groupe B pour expliquer et prévoir la conduite du groupe A. Il faut, en plus, saisir la manipulation de cette réalité par A, opération par laquelle celle-ci est plus ou moins dissociée et recombinée dans une nouvelle formation : l'image qu'A se construit de B. Nous nous garderons de tomber, pour autant, dans une explication de type subjectiviste, car cette représentation n'est évidemment pas une création spontanée et encore moins volontaire de la conscience (...)* »[210].

Carmel Camilleri décline une liste non exhaustive des « parades » des membres du groupe dominé pour neutraliser ces effets des images négatives de lui-même et de ses comportements : échapper à la cohabitation en se soustrayant physiquement aux rencontres avec les groupes dominants (le discours dominant décrira alors cette parade comme du « repli communautaire ») ; contre-stigmatisation du groupe dominant (on parlera alors de « racisme anti-Blanc » ou de « culture de la pauvreté »), la dissociation tendant à adopter à l'extérieur une apparence de conformité et à investir l'intérieur comme lieu de l'authenticité (on pourra alors douter de la réelle « intégration » de ces personnes au comportement double), etc. Nous retrouvons dans l'analyse et l'interprétation de ces parades les processus de conscience mystifiée que nous avons soulignés dans notre première partie : l'inversion des causes et conséquences. Ainsi une étude, citée par Carmel Camilleri, conclut que pour la majorité des Algériens de l'échantillon c'est l'expérience de rejet répétée qui conduit à « la rétractation dans la communauté originelle » comme « défense contre l'image négative du dominant »[211].

---

[210] C. Camilleri, « L'image dans la cohabitation de groupes étrangers en relation inégalitaire », in *Cahiers Internationaux de Sociologie*, volume LIX, Paris, PUF, 1975, p.239.
[211] *Ibid.*, p.248.

Jean-Claude Chamboredon et Marianne Lemaire[212] pour leur part étudient les grands ensembles pendant la période des années 70 qui a été celle de la plus grande « mixité sociale », le transvasement des populations étant en cours de réalisation. Ils soulignent l'hétérogénéité des rapports au logement social selon l'appartenance de classe : palier de transition vers l'accession à la propriété pour les uns, logement durable pour les autres. Ils décrivent les stratégies de distinction en œuvre. Ils mettent en évidence que la cohabitation spatiale ne réduit pas la distance sociale. Ce n'est pas parce que des groupes sociaux cohabitent qu'ils interagissent plus fortement et plus harmonieusement.

C'est également à cette conclusion que conduisent les travaux d'Éric Charmes à propos du processus de gentrification de Belleville :

« L'ambiguïté des relations entre les discours et les pratiques apparaît également dans les commentaires que les gentrifieurs font sur les mutations sociales auxquelles ils contribuent (...). De fait, dans les rues étudiées, la mixité est d'autant plus appréciée que des gentrifieurs donnent le ton dans l'espace public et que les « autres » constituent un fond paysager silencieux »[213].

Il convient donc d'interroger les images implicites du pauvre et/ou de l'immigré et de ses enfants, véhiculées par les explications en termes de « mixité sociale ».

La pathologisation

Le discours de la mixité sociale sous-entend la nécessité d'une logique de l'« exemple » et du « modèle ». Les pauvres, les immigrés et plus généralement les classes populaires sont censés être « tirés vers le haut » par leur cohabitation avec des catégories sociales plus aisées. Ces dernières leur fourniraient des modèles à imiter. Une telle logique suppose de présenter les quartiers populaires comme des espaces en ensauvagement, caractérisés uniquement par la violence, le non-droit,

---

[212] J.-C. Chamboredon et M. Lemaire, « Proximité spatiale et distance sociale : les grands ensembles et leur peuplement », in *Revue Française de Sociologie*, XI, Paris, 1970, pp.3-33.
[213] E. Charmes, *La rue, Village ou décor ? – parcours dans deux rues de Belleville*, Paris, éditions CREAPHIS, 2006, pp.31-32.

l'anomie. Le discours problématique sur les quartiers populaires déteint inévitablement sur ses habitants. La même pathologisation du milieu social est présente à l'égard des enfants de milieux populaires en « réussite ». Cette fois-ci, il s'agira de les protéger des effets néfastes de leur milieu social d'appartenance comme en témoignent plusieurs mesures du « Plan banlieue » de Fadéla Amara : *busing*, internat de la réussite, etc. L'appel à la « mixité sociale » porte en creux une présentation pathologique des quartiers populaires et de leurs habitants :

« Le discours sur la mixité fait des quartiers populaires des espaces pathologiques. Ce faisant la société renvoie aux habitants de ces quartiers une image d'eux-mêmes qui est d'une grande violence symbolique. Être constamment désigné comme les habitants de « quartiers difficiles » ou de « zones de non-droit » n'aide pas à se sentir reconnus : on ressent plutôt le mépris »[214].

Les discours contemporains sur les milieux populaires ne sont pas sans précédents historiques. Les révoltes du XXème siècle ont suscité les mêmes descriptions qui ont connu les mêmes frénésies, pour les mêmes raisons et débouchant sur les mêmes solutions. Les milieux populaires y sont décrits sous la forme de la violence et de l'immoralité. Les révoltes sociales (de 1830, de 1848, de la Commune de Paris) font se multiplier frénétiquement les tableaux effrayants de ces milieux. Les pistes de solution sont comme aujourd'hui recherchées dans la re-moralisation. Simplement celle-ci était hier recherchée dans l'action du patronage alors qu'elle est attendue aujourd'hui de l'effet de modèle de la « mixité sociale » :

« Au XIXème siècle, l'intelligentsia bourgeoise ne cesse de découvrir, avec stupéfaction, la misère ouvrière. Découverte qui suit les événements de 1830, gagne de l'ampleur après 1848 : les révoltes des populations urbaines aiguillonnaient la pensée philanthropique. Pensée qui, durant le Second Empire, animera des initiatives patronales et s'épanouira après la Commune. (...). Les descriptions scandalisées de l'immoralité

---

[214] E. Charmes, *Pour une approche critique de la mixité sociale : redistribuer les richesses ou les ressources*, op. cit. p.13.

ouvrière ne manquent pas. Brossées par des médecins ou des idéologues, elles abondent au point de créer lassitude et écœurement »[215].

Notre propos n'est pas ici de nier les conséquences sur le lien social de la pauvreté mais d'interroger la réduction d'un groupe social à ces seules dimensions négatives. Il est encore moins de poser une identité entre des situations d'hier et d'aujourd'hui. Il s'agit juste pour nous de mettre l'accent sur la signification et les conséquences d'une élimination des causalités économiques et sociales de la situation, du choix de la pathologisation comme causalité, de la fonction sociale du discours de descriptions politiques et médiatiques des « problèmes des zones sensibles ». La description de l'immoralité ouvrière comme les discours sur les « zones de non-droit » ont en commun l'évacuation des causes structurelles de la détérioration de la vie des quartiers populaires.

Si la cause est pathologique, il convient d'inoculer un vaccin (« des couches moyennes ») pour soigner l'organisme. Bien sûr l'inverse n'est pas vrai. Il n'est pas question de permettre l'implantation des pauvres et/ou des immigrés dans les quartiers plus aisés. La mixité sociale est à sens unique. C'est « l'entre-soi » des pauvres et des immigrés qui est construit comme problème. Le communautarisme des gens aisés n'est jamais perçu comme tel. Or comme le souligne Eric Maurin,[216] ce sont dans les catégories aisées que le communautarisme est le plus prégnant et volontaire et ce, de manière croissante ces dernières décennies. S'attaquer au « communautarisme » des uns sans le faire à l'égard de celui des autres ne peut conduire qu'à une issue : restreindre encore plus l'accès aux biens rares des pauvres et/ou des immigrés. Comme le soulignent Patrick Simon et Jean-Pierre Lévy :

« *Au final du jeu de la patate chaude, l'objectif de mixité sociale cautionne les attributions au faciès et l'allongement des files d'attentes dans les fichiers des demandeurs* »[217].

---

[215] M. Le Pape, « Taudis français, gourbis algériens : politique de l'habitat et morale », in *Cahiers Internationaux de Sociologie*, volume LX, Paris, PUF, 1976, pp.112-113.
[216] E. Maurin, *Le Ghetto Français : enquête sur le séparatisme social*, op.cit.
[217] Patrick Simon et Jean-Pierre Lévy, « Question sociologique et politique sur la mixité sociale », in *Contre-temps*, n° 13, mai 2005, p.88.

« Pour être égal, le droit devrait être inégal ».

Karl Marx, *Critique du programme du parti ouvrier allemand.*

Conclusion

Plusieurs facteurs sociaux ont rendu incontournable la reconnaissance des discriminations racistes aujourd'hui : l'ampleur du phénomène, le fait que ces discriminations touchent aujourd'hui des Français et plus seulement des étrangers, les révoltes des victimes, les directives européennes, etc. La sortie de la posture antérieure de négation ne signifie pourtant pas pour autant une entrée dans une posture de lutte réelle contre les discriminations. Comme pour les discriminations sexistes, la négation du caractère systémique des discriminations conduit à disjoindre la reconnaissance et l'action. Cependant la reconnaissance contraint à fournir des explications dont l'objet est de masquer l'origine systémique : par l'individualisation, la pathologisation, l'engloutissement des discriminations systémiques dans les différences, etc.

De surcroît la reconnaissance des discriminations racistes survient dans un contexte de mondialisation libérale accroissant les inégalités sociales, augmentant la concurrence pour les biens rares, paupérisant et précarisant les milieux populaires. De même que, comme nous avons tenté de le montrer dans notre première partie, la concurrence entre travailleurs est la base matérielle des discriminations systémiques, la hausse de la concurrence signifie un accroissement des discriminations racistes et sexistes. Un paradoxe réel est présent : la reconnaissance des discriminations par des partisans d'une hausse de la concurrence entre travailleurs.

Il en découle la nécessité de production d'un discours idéologique permettant la reconnaissance, tout en neutralisant les effets potentiellement égalitaires de celle-ci. La victimisation, le tokénisme, la diversité, la cohésion sociale, l'égalité des chances et la mixité sociale sont, selon nous, des éléments de cette « novlangue » idéologique et des outils de maintien et de protection des mécanismes systémiques de discrimination. Ils forment ensemble un tout cohérent justifiant un renvoi aux individus de la responsabilité des inégalités vécues et une justification d'un État minimum. Ils se complètent pour mettre en évidence quelques exemples de réussite et pour pathologiser les « échecs ». Ils concourent ensemble à désamorcer les revendications égalitaires et les luttes sociales qu'elles peuvent susciter, que ce soit sur la question sociale globale ou sur celle plus particulière des discriminations racistes et sexistes.

Les discriminations racistes et sexistes renvoyant à la question de l'égalité, seule la mobilisation des groupes sociaux qui subissent ces inégalités est susceptible de faire bouger la donne. Aussi importantes qu'aient été les prises de positions des abolitionnistes, elles ont été insuffisantes tant que les esclaves eux-mêmes n'ont pas refusé de manière radicale le système. La révolte de Toussain Louverture à Haïti a précédé la décision de la Convention d'abolir l'esclavage. Il en est de même aujourd'hui. Cela ne veut pas dire que rien n'est possible dans l'ici et le maintenant et dans chacune des institutions. Simplement ces actions, possibles et nécessaires dans un contexte politique et social peu porteur, supposent une rupture avec les grilles explicatives exposées dans notre première partie et avec la « novlangue » que nous avons tenté de formaliser dans cette partie. Sans cette rupture, les pratiques ne pourront que reproduire les impasses actuellement dominantes.

Conclusion générale

Les pseudo-pratiques de lutte contre les discriminations racistes

« Ce n'est pas avec du sirop que l'on peut soigner une pneumonie ».

Malcolm X, *Le pouvoir noir*.

Les discriminations racistes sont désormais quasi unanimement reconnues après une longue période de déni. Les débats qui subsistent sont toutefois significatifs des résistances au changement qui demeurent. La multiplicité d'euphémisations pour ne pas dire la réalité telle qu'elle est, l'adoucir, la reconnaître tout en la dévitalisant, est un indicateur de ces résistances. Les postures de prudence extrême, de crainte des effets, d'appel à la patience, etc., en sont d'autres. D'où proviennent la sortie du déni d'une part et les résistances au changement d'autre part ? Telle est la première question qui se pose si l'on veut engager une lutte réelle contre les discriminations.

Concernant le premier aspect une première ligne de réponse tente de comprendre la sortie de la posture de négation par le « changement de mentalité » des pouvoirs publics, où la simple traduction nationale de directives européennes. Ces deux réponses occultent des changements plus anciens. Le premier changement notable est sans aucun doute le développement d'un mouvement militant de jeunes issus de l'immigration postcoloniale à la fin de la décennie 70. Si la Marche pour l'égalité et contre le racisme en a été la face la plus visible, ce mouvement a une signification sociologique et politique beaucoup plus vaste. Au niveau sociologique, ce mouvement reflète l'arrivée sur le marché du travail d'une première génération de Français issus de l'immigration postcoloniale. Ces jeunes constatent alors qu'en plus des inégalités sociales liées à leur classe sociale d'appartenance, ils subissent des inégalités supplémentaires liées à leurs origines. Le refus de ce traitement spécifique (dans le rapport à la police, à la formation, à l'emploi, etc.) les met en action. Plus largement il les conduit dans leurs attitudes quotidiennes à des postures de refus, de colère et de revendication. C'est donc un changement sociologique traduit en postures revendicatives militantes et globales d'une part, diffuses et dans les réactions individuelles, d'autre part.

Ce premier changement a comme effet de mettre en contradiction le système de justification idéologique des discriminations racistes. Celles-ci sont beaucoup plus anciennes mais étaient en quelque sorte réservées aux étrangers. Elles étaient une des modalités essentielles de l'insertion par le bas du monde du travail, des immigrations successives. Désormais c'est le mythe de l'égalité républicaine entre Français lui-même qui est mis en accusation. La frontière de la discrimination légale (pour nous illégitime) qu'est la nationalité ne peut pas légitimer l'existence de discriminations racistes pour des citoyens français. Telle est, selon nous, la véritable cause de la sortie du déni. Les choses ne se sont pas faites par un changement miraculeux de mentalité mais sont issues d'une mutation sociologique, de ses effets sur les attitudes et des contradictions que ceux-ci posent au modèle idéologique. Soulignons enfin le rôle du mouvement social, qu'il soit organisé de manière militante ou dans ses explosions violentes (les fameuses « émeutes urbaines ») devant une réalité devenue insupportable.

Concernant maintenant les « résistances aux changements », la même grille explicative est fréquemment avancée : des mentalités qui peinent à changer. Or une telle explication occulte qu'il y a une signification sociologique aux représentations sociales dominantes d'une époque. Lorsqu'un système de représentations et de préjugés est dominant dans une société, on ne peut pas l'expliquer uniquement par la « pesanteur des idées ». Si tel était le cas nous aurions encore les « mentalités » de nos ancêtres les hommes de Cro-Magnon. C'est donc ailleurs qu'il faut rechercher les facteurs de changement et de résistance au changement. De Marx à Ernst Bloch, toute une série de travaux ont mis en évidence que ce sont les changements dans la vie matérielle qui suscitent des mutations des univers mentaux et non le « changement des mentalités » qui entraînerait des mutations sociales. Les mentalités comme systèmes de représentations sont incompréhensibles et ne peuvent se transformer sans prendre en compte leurs bases matérielles, c'est-à-dire les intérêts qu'elles confortent en les faisant apparaître comme légitimes.

Ce clivage sur l'ordre du changement entre réalité matérielle et sociale d'une part, et « mentalités » d'autre part, est à l'origine de l'affrontement des différents paradigmes d'explication des discriminations racistes. Le paradigme dominant est construit à partir du postulat de la prédominance des mentalités sur les faits. Nous l'avons appelé « culturaliste » parce qu'il postule que ce sont des « mentalités » inscrites dans les cultures des personnes discriminées qui produisent le traitement inégal. Il convient en conséquence de changer ces personnes et leurs mentalités pour que cesse le traitement inégal. Il en découle des préconisations d'action en termes d'adaptation des sujets. Les discriminations racistes sont reconnues mais imputées aux victimes insuffisamment assimilées, adaptées, intégrées, formées, etc. Une telle explication est, non pas simplement insuffisante, mais contradictoire avec le déploiement d'une lutte effective contre les discriminations racistes.

En réponse à ce paradigme, s'en développe un autre que nous avons appelé « ouvriériste ». Toutefois cette réponse est construite sur la base d'une simple inversion de la logique explicative. Là où le paradigme culturaliste spécifie culturellement la population discriminée, la logique « ouvriériste » nie toute spécificité même sociale. Il en découle une incapacité à saisir la base matérielle des discriminations racistes : la mise en concurrence des citoyens sur le marché des biens rares. Paradoxalement, quand cette mise en concurrence est abordée c'est sur une base similaire à celle du culturalisme : les mentalités racistes que promeut et manipule la classe dominante. Le résultat en est une coupure artificielle entre question raciale et question sociale, la première étant considérée comme secondaire. C'est tout simplement oublier que si la question raciale est toujours en définitive une question sociale, cette dernière est, dans nos sociétés contemporaines, construite en intégrant d'autres clivages (de races, de sexes, d'âges) dans une logique de mise en concurrence de tous. Surtout il découle de cette approche une non-mobilisation dans la lutte contre les discriminations racistes considérées soit comme secondaires, voire pire comme porteuses de divisions. Comme le paradigme précédent, cette explication ne nous est d'aucune aide pour développer une lutte réelle contre les discriminations.

Une lutte réelle contre les discriminations racistes ne peut se déployer qu'en prenant comme point de départ l'instance matérielle, c'est-à-dire la fonctionnalité économique et sociale que remplissent les discriminations dans la production et la reproduction de notre système social. Nous avons appelé cette logique explicative paradigme de la concurrence systémique pour deux raisons. La première est que nous voulions insister sur la fonctionnalité sociale (l'organisation de la concurrence). La seconde est que nous voulions mettre la focale sur le niveau d'organisation de cette fonction sociale et économique : le système social dans son ensemble. Il découle d'une telle approche non seulement l'importance de développer la lutte contre les discriminations racistes, mais également le fait que le changement à gagner est celui des pratiques et non des mentalités. Il ne s'agit plus de changer les joueurs mais les règles du jeu. Pour répondre, dès lors, à la question que nous venons de poser « d'où proviennent la sortie du déni d'une part et les résistances au changement d'autre part ? », il faut donc bien prendre en compte que c'est à travers ces deux dimensions que se joue l'incompréhension que les discriminations racistes et sexistes sont au cœur du système capitaliste, qu'elles sont un des moteurs de ce système, qu'elles le produisent et le reproduisent.

Une fois le diagnostic clarifié, il convient de l'inscrire dans une historicité. Les discriminations racistes sont comme tous les autres rapports sociaux variables historiquement. Longtemps cantonnées, nous l'avons souligné, aux étrangers comme modalité d'insertion par le bas dans la classe ouvrière, elles tendent à se reproduire de manière transgénérationnelle pour l'immigration postcoloniale. Elles étaient, certes, déjà présentes dans la période précédente dite des « Trente glorieuses » marquée par un État dit « redistributeur ». Elles se déploient aujourd'hui dans un processus de libéralisme généralisé (la fameuse « mondialisation ») dans lequel le mot d'ordre est au retrait maximum de l'État de toutes ses fonctions. Le paradoxe en France est que la sortie du déni à propos des discriminations racistes se réalise en même temps que l'entrée dans les politiques ultralibérales. Tel n'a pas été le cas partout. Aux USA ou en Grande-Bretagne, par exemple, les luttes sociales ont imposé la lutte contre les discriminations racistes plus précocement. Dans ces pays, l'État a pu ainsi être porteur de pratiques réelles de lutte contre les discriminations sur la base des rapports de forces posés par ces luttes.

C'est ce paradoxe qui explique que notre période historique est marquée à la fois par l'émergence récente du référentiel de la lutte contre les discriminations, puis rapidement par le rajout dans le discours politique et médiatique d'un second référentiel (celui de l'égalité des chances) et enfin par une tendance à la domination du second sur le premier dans une perspective de simple substitution. Cette mutation des référentiels, imposée par le tournant libéral, ne peut pas être assumée telle quelle. Elle doit se légitimer par la production d'un nouveau discours idéologique ayant ses concepts propres et son vocabulaire. Effectivement, en l'espace de deux décennies, c'est à une véritable « novlangue » que nous sommes confrontés : dans certains pays, dans le but de remettre en cause les acquis des luttes antérieures contre les discriminations ; en France pour éviter que cette lutte ne se déploie.

La victimisation, les pratiques liées au tokénisme, la diversité, l'égalité des chances, la cohésion et la mixité sociales composent ce nouveau vocabulaire. Aucune lutte contre les discriminations n'est possible si la réalité et ses inégalités sont pensées à travers le filtre de ces concepts et des pratiques qui y sont associées. Tous ont, en effet, en commun d'évacuer le cœur des processus discriminatoires : leur dimension fondamentalement systémique. Ce sont des « fonctions de protection systémique » protectrices du système lui-même, qui ont la particularité de muter et de s'adapter pour adapter le système discriminatoire aux changements et aux réactions qu'il suscite. L'ensemble de ces discours converge pour tenter de désamorcer les exigences d'égalité par le remplacement de l'égalité par l'équité, par la mise en avant de l'existence d'« inégalités justes » (du fait du mérite, de l'effort, etc.), par l'individualisation des causalités de la « réussite » et donc de l'« échec ». Il n'est dès lors pas étonnant que le bilan de la lutte contre les discriminations racistes soit aussi ridicule en dépit de la profusion de discours et de déclarations de principes.

La lecture des « diagnostics sur les discriminations » qui se sont multipliés ces dernières années, des chartes et différents documents qui ont été signés, des objectifs des actions portant sur les discriminations, etc., laissent apparaître quatre champs significatifs de préconisations : la transformation des représentations sociales par l'interculturel, le parrainage et autres modalités d'accompagnement, la formation des acteurs et l'accompagnement des victimes. Ces quatre orientations sont, selon nous, incapables de permettre une réelle lutte contre les discriminations. Elles ne font que les conforter en diffusant l'illusion d'une action : croire que l'on a agi pour que changent les choses, alors qu'on n'a pas résolu en profondeur le problème, est en fait une composante d'un mécanisme systémique de protection du système.

Le premier champ repéré est celui d'une action sur les représentations sociales et les préjugés censés pouvoir transformer la réalité inégalitaire. Fréquemment il se déploie dans l'optique d'un objectif de « changement des mentalités » : « la lutte contre les discriminations passe par un changement des mentalités » ; « faire évoluer les mentalité » ; « agir sur les représentations pour changer les mentalités » ; « la lutte contre les discriminations c'est agir sur les mentalités » ; « nous avons besoin de temps pour que s'effectue un changement de mentalité » ; « une meilleure compréhension des différences culturelles change le regard et les mentalités des uns comme des autres », etc., voici quelques expressions courantes dans les dizaines de documents que nous avons consultées. Le diagnostic sous-jacent est que l'existence de préjugés est la cause réelle des pratiques discriminatoires. Il convient donc d'agir sur les acteurs pour qu'ils abandonnent leurs préjugés et adoptent des représentations sociales plus conformes à la réalité. Le postulat est que c'est la fameuse ignorance de l'« autre » qui produit la peur et le rejet. Or, il est loin d'être avéré qu'une bonne connaissance de l'autre élimine les préjugés. En témoigne par exemple l'existence de racistes anti-Maghrébins connaissant parfaitement le Maghreb pour y avoir vécu longuement, parlant parfaitement l'arabe ou le berbère et sachant cuisiner à merveille le couscous.

Cela ne veut pas dire que les représentations sociales ne contribuent pas à la reproduction du système discriminatoire, mais qu'il est erroné de les considérer comme les causes de celui-ci. C'est le système discriminatoire qui a besoin pour sa reproduction de représentations sociales qui sans cela auraient fini par disparaître et non l'inverse. Cette première erreur de diagnostic est complétée par une autre en termes d'hypothèse d'action : changer les représentations par l'argumentation rationnelle. C'est, ici aussi, occulter que nos représentations sociales se modifient dans la confrontation avec la réalité, qu'elles ne sont pas construites sur une rationalité cartésienne de celle-ci[218]. Ainsi par exemple c'est l'existence d'une contrainte nouvelle imposant des places de parking pour les personnes en situation de handicap qui a permis une transformation de la réalité sur cet aspect. Imaginons simplement que

---

[218] Cf. par exemple : D. Jodelet (dir.), *Les représentations sociales,* Paris, Puf, 1989 ; M.-L. Rouquette et P. Rateau, *Introduction à l'étude des représentations sociales*, Grenoble, Pug, 1998.

nous ayons attendu un « changement des représentations sociales » sur le handicap…

Le second champ d'action (le parrainage et autres accompagnements spécifiques) est aussi récurent que le premier tant dans les diagnostics que dans les projets d'action. L'hypothèse sous-jacente à ce type de pratique est tout simplement la négation des processus discriminatoires. Le postulat posé est, en effet, que ce qui fait obstacle à l'accès à un bien rare c'est la non-préparation du candidat. C'est donc sur lui que doit se centrer le travail de transformation. Cette logique s'attache donc aux manques des sujets qu'il s'agit de combler par l'accompagnement. Elle occulte les pratiques discriminatoires inscrites dans le fonctionnement de notre société et de ses diverses institutions. Un jeune issu de l'immigration postcoloniale se décrivait comme « docteur en CV », soulignant de fait la fréquence des réponses en termes d'adaptation qu'il a subies.

Les effets des actions de parrainage sont également à souligner. Ils sont du même type que ce que nous avons mis en évidence à propos de la victimisation, du tokénisme et de l'égalité des chances : si l'échec est quand même au rendez-vous, malgré la chance d'avoir eu un parrain, c'est que le sujet est responsable de sa situation, soit qu'il victimise, soit qu'il ne fournit pas assez d'efforts d'adaptation, etc. Ces effets sont inévitables. En effet, ayant éliminé toutes les causes potentielles de « l'échec » qui ne relèvent pas du sujet (c'est-à-dire ayant nié les discriminations systémiques), force est de lui attribuer la responsabilité. D'ailleurs les quelques exemples de « réussites » ne montrent-ils pas que « quand on veut on peut » ? Fondé sur un postulat de négation des discriminations systémiques, le parrainage met le parrain en situation de devenir de plus en plus sourd aux discriminations.

Le troisième champ d'action doté d'une récurrence forte est la question de la « formation des acteurs ». Un véritable marché de la formation s'est ainsi développé avec des programmes nationaux financés par des fonds publics, des formateurs et des consultants qui en dépendent pour leur survie économique, des contenus significatifs, etc. Sur le plan des contenus, une partie non négligeable des actions de formation occulte la question des paradigmes mélangeant allégrement des approches culturalistes en termes d'intégration et d'autres en termes de lutte contre les discriminations. Plus grave, de nombreux organismes font une place importante au fameux processus de victimisation et aux modalités d'accompagnement des personnes qui « victimisent ». L'inscription des discriminations dans le fonctionnement social global et dans une histoire d'une part, et sa fonctionnalité sociale d'autre part sont, de manière générale, absentes des contenus de formation. En revanche la thèse des préjugés comme cause des discriminations racistes est largement majoritaire. Les contenus de la formation des acteurs contribuent ainsi à reproduire les cécités volontaires des politiques publiques.

Le dernier champ d'action porte sur l'accompagnement des victimes de discrimination. La formule que nous avons citée (à propos d'un objectif d'un organisme de formation) résume l'essentiel des pratiques dans ce domaine : « relativiser sans nier ». Il en découle une tendance à la psychologisation de l'accompagnement des victimes afin qu'elles ne sombrent pas dans la « victimisation » ou le « ressentiment », ou tout simplement qu'elles ne se découragent pas. Une telle approche nécessite inévitablement une posture du doute posant l'injonction au sujet de pouvoir objectiver la discrimination qu'il dénonce. Une telle approche contribue à éviter le recours à la loi et au droit. Dans ce domaine, les pratiques se limitent généralement à orienter vers la Halde, qui a comme caractéristique l'éloignement. L'augmentation relative des recours à la Halde (relative, car les cas traités par celle-ci sont sans commune mesure avec la réalité des discriminations qui sont avant tout systémiques, et donc qu'elle ne peut appréhender) ne reflète en conséquence que la partie des discriminations directes ou indirectes pour lesquelles les victimes disposaient des ressources pour aller jusqu'au bout du processus. Quant à la dimension politique de l'accompagnement, elle n'est tout simplement pas présente. Nous n'avons rencontré par exemple qu'un seul projet incluant le rendu public et la publicité sur les discriminations repérées.

Comme le souligne la citation de Malcolm X mise en exergue de cette conclusion : « on ne soigne pas une pneumonie avec du sirop ». Dire que les discriminations sont systémiques ne signifie pas que rien n'est possible tant que le système est inchangé. Les discriminations systémiques ne sont pas des réalités abstraites, elles s'incarnent dans une multitude de processus, de fonctionnements, d'organisations, etc. Ce sont ceux-ci qu'il s'agit de débusquer, de dénoncer et de transformer. Ce sont les victoires sur ces processus partiels discriminatoires qui à terme réunissent les conditions d'un changement plus global en le mettant à l'agenda du mouvement social. Car, bien entendu, en ce domaine, comme pour toutes les autres questions sociales, la mobilisation militante et revendicative des groupes sociaux victimes de discriminations reste la condition première du changement.

Liste des ouvrages écrits par Saïd Bouamama

Avec Jessy Cormont, *Histoire de l'Association des Mineurs Marocains du Nord Pas-de-Calais. De la tête baissée à la conquête de la dignité*, à paraître.

Collectif, avec le CSP 59, IDM, le *Collectif Afrique, Les luttes du comité des sans-papiers 59 : analyse de sa littérature militante.* Tome 1, 1996-2000, Roubaix, Darna Edition, septembre 2010.

Avec Jessy Cormont et Yvon Fotia, *Les discriminations multifactorielles genre/« race »/classe. Repères pour comprendre et agir* (à paraître juin 2010).

Avec ZEP (Zone d'Expression Populaire), *Nique la France. Devoir d'insolence*, Roubaix, Darna Editions, juin 2010.

Les classes et quartiers populaires. Paupérisation, ethnicisation et discrimination, Paris, Editions du Cygne, Collection recto-verso, 2009.

Avec Jessy Cormont, *Du Bled aux corons : un rêve trahi*, Dechy, AMMN, 2008.

Collectif, avec le CSP 59, IDM, le *Collectif Afrique, Sans-papiers. Est-ce ainsi que ces hommes vivent ?*, Paris, L'Harmattan, 2008.

La France. Autopsie d'un mythe national, Paris, Larousse « collection Philosopher », 2008.

Avec Jessy Cormont, et Yvon Fotia, *L'éducation populaire à l'épreuve de la jeunesse*, Lille, FRMJC NPdC, 2008.

Avec Jessy Cormont, Yvon Fotia, Olivier Gaignard et Michael Plumecoque, *L'accès au(x) droit(s) des étrangers dans le département du Nord*, CDAD du Nord, 2007.

Avec Jessy Cormont, Yvon Fotia, Amicale du Nid, Altair et RAIH, *Prostitution et Mondialisation. Mondialisation des origines, hétérogénéité des parcours et processus identitaires*, Paris, Amicale du Nid, 2007.

Avec Jessy Cormont, Yvon Fotia, et Olivier Gaignard, *Les Centres Sociaux à l'épreuve de l'égalité. « Mémoire d'une expérience de lutte contre les discriminations racistes »*, Fédération des CS du Nord, 2007.

Avec Claudine Legardinier, *Les clients de la prostitution : l'enquête*, Paris, éditions des Presses de la Renaissance, 2006.

L'affaire du foulard islamique : production d'un racisme respectable, Roubaix, Le Geai bleu, 2004.

L'homme en question, le processus du devenir-client de la prostitution, Paris, Mouvement du Nid, 2004.

Jeunes Manosquiens issus de l'immigration : Héritiers involontaires de la guerre d'Algérie, Manosque, Éditions du CREOPS, 2003.

Trajectoires prostitutionnelles et processus migratoires, Paris, Mouvement du Nid, 2000.

Algérie, les racines de l'intégrisme, Bruxelles, EPO, 2000.

Avec Hamed Benyachi, *Les discriminations dans l'emploi et leurs impacts, l'exemple roubaisien*, Roubaix, Voix de Nanas, 2000.

J'y suis, j'y vote. La lutte pour les droits politiques aux résidents étrangers, Paris, Esprit Frappeur, 2000.

Avec Hélène Cheronnet, *L'AEMO au carrefour de ses valeurs*, Boulogne-sur-Mer, ACCIMA, 1998.

Avec Hadjila Sad Saoud, *Familles maghrébines de France*, Paris, Desclée de Brouwer, 1996.

Avec Hadjila Sad-Saoud, et Mokhtar Djerdoubi, *Contribution à la mémoire des banlieues (Mémoires collectives)*, Paris, Edition du Volga, 1994.

Dix ans de marche des beurs, chronique d'un mouvement avorté, Paris, Desclée de Brouwer, 1994.

De la galère à la citoyenneté. Les jeunes, la cité, la société, Paris, Desclée de Brouwer, 1993.

La citoyenneté dans tous ses états, de l'immigration à la nouvelle citoyenneté, L'harmattan, Paris 1992.

Avec Albano Cordeiro et Michel Roux, *Vers une nouvelle citoyenneté. Crise de la pensée laïque,* Lille, La boîte de Pandore, 1991.

Pour plus d'information voir le site :
http://www.lesfiguresdeladomination.org

Table des matières

Sommaire	9
Préface	*11*
Introduction	*17*
Les grilles de lecture des discriminations racistes	*25*
Introduction	27
Chapitre 1 : Les mots sont importants	29
Introduction	29
La catégorisation comme reflet des processus de domination	30
Comment nommer les discriminations	34
Chapitre 2 : La grille de lecture culturaliste	39
Introduction	39
Les trois âges du culturalisme	41
Le culturalisme appliqué à l'immigration : l'intégrationnisme	47
L'interprétation culturaliste des réactions des dominés	53
Chapitre 3 : La grille de lecture ouvriériste	65
Introduction	65
Une approche essentialiste	66
Une approche anhistorique et idéaliste	73
La fausse conscience de l'approche ouvriériste	81
Chapitre 4 : Le paradigme de la concurrence systémique	91
Rompre avec quelques fausses évidences	92
L'instance matérielle	99
Les imaginaires de légitimation	105
Conclusion	109
Les masques idéologiques	*111*
Introduction	113
Chapitre 1 : La victimisation ou la grille de lecture du malade imaginaire	115
L'histoire récente du concept	115
Une histoire plus ancienne du concept	119
La victimisation : une forme actualisée du déni	122
Chapitre 2 : Le tokénisme ou l'arbre qui cache la forêt	127
Quelques éléments d'histoire de la logique capacitaire	128
Une fonctionnalité systémique : le tokénisme	132
Le prix de l'intégration	135
Chapitre 3 : La diversité ou la diversité qui fait diversion	139

    Éléments de généalogie du concept _____ 140
    L'acclimatation européenne puis française _____ 145
    La diversité contre l'égalité _____ 149
    Organigramme ou photo de familles ? _____ 150

Chapitre 4 : L'Egalité des chances ou tant pis pour ceux qui n'ont pas de chance _____ 155
    Une logique ancienne en France _____ 156
    Des racines contemporaines états-étasuniennes _____ 161
    Rien ne va plus : La fonction du discours _____ 164

Chapitre 5 : La cohésion sociale ou l'approche morale du social _____ 169
    Un air de famille lointain _____ 170
    Un concept non défini _____ 175
    Un concept défini par ce qu'il n'est pas _____ 178

Chapitre 6 :   La mixité sociale ou La pathologisation des milieux populaires   183
    Une origine liée au logement _____ 183
    Les implicites du discours de la mixité sociale _____ 186
    La pathologisation _____ 192

    Conclusion _____ 195

Conclusion générale : Les pseudo-pratiques de lutte contre les discriminations racistes _____ 197

    Table des matières _____ 211

L'HARMATTAN, ITALIA
Via Degli Artisti 15 ; 10124 Torino

L'HARMATTAN HONGRIE
Könyvesbolt ; Kossuth L. u. 14-16
1053 Budapest

L'HARMATTAN BURKINA FASO
Rue 15.167 Route du Pô Patte d'oie
12 BP 226 Ouagadougou 12
(00226) 76 59 79 86

ESPACE L'HARMATTAN KINSHASA
Faculté des Sciences Sociales,
Politiques et Administratives
BP243, KIN XI ; Université de Kinshasa

L'HARMATTAN GUINEE
Almamya Rue KA 028 en face du restaurant le cèdre
OKB agency BP 3470 Conakry
(00224) 60 20 85 08
harmattanguinee@yahoo.fr

L'HARMATTAN COTE D'IVOIRE
M. Etien N'dah Ahmon
Résidence Karl / cité des arts
Abidjan-Cocody 03 BP 1588 Abidjan 03
(00225) 05 77 87 31

L'HARMATTAN MAURITANIE
Espace El Kettab du livre francophone
N° 472 avenue Palais des Congrès
BP 316 Nouakchott
(00222) 63 25 980

L'HARMATTAN CAMEROUN
Immeuble Olympia face à la Camair
BP 11486 Yaoundé
(237) 458.67.00/976.61.66
harmattancam@yahoo.fr

L'HARMATTAN SÉNÉGAL
« Villa Rose », rue de Diourbel X G, Point E
BP 45034 Dakar FANN
(00221) 33 825 98 58 / 77 242 25 08
senharmattan@gmail.com

647993 - Avril 2016
Achevé d'imprimer par